富士山大爆発

日本国五大神仏の予言と警告

はじめに

この書は１９８３年の富士山爆発の件に関しての書であって、日本の火山地震学会の発表から始まる、人間界と神仏の世界との交信で明かされる真実の世界を記述しています。

しかし、いまだにその内容は改善されることなく、時代が進んでいることにより、さらに重大な地水火風の劫難・病毒による汚染に遭遇する危険性が強固になっています。

現に火山地震学会に関係する学者は、関東地区から離れ、他地区に移転しているとの話も聞きます。

この混乱と乱れた不安満載な時代を、一番嘆き悲しんでいるのが日本国を代表する五大神仏です。

はじめに

大和魂とは、日本的精神性・性格・気質等を指す言葉であり、日本人の基本的な考え方や見方を支えている精神で、世界中からも道徳観念の深い人種と評価されています。

さて、ここに紹介するのは富士山爆発に関する情報から、その劫難を回避させたドキュメントであり、その背景と神仏による警告を紹介しています。

この書は、日本・台湾の宗教者合同での富士山爆発化延祈祷会後に、日本を代表する神仏からの切実な内容のメッセージを詳細に記録し翻訳したものです。

当時、関係者に配布したもので、一般の人達には公開されていない物ですが、近年、再び富士山爆発の危機や南海トラフの巨大地震を感じる学者達の情報から、３５年前のメッセージを公開し、危機管理に伴う身の保全とともに、日本人たる我が人生の指針となる大和魂の根幹を自覚し、心に刷り込んでいただくことを主たる目的としています。

この書は、富士山爆発化延祈祷会に至るまでの経過、当時の世界情勢、核戦争の危機などの背景があり、世界平和を祈る重要性から来日した「李玉階」首席が、富士山爆発の情報を得てから、急遽企画主催し富士山爆発化延祈祷会を開催いたしました。その直後に、日本を代表する神仏からのメセージを受け、翻訳されたものです。

前段の「序言」の中でその経緯が書かれています。

神々の啓示の内容は中国文でしたが、中国語に堪能な藤岡先生に翻訳をお願いし訳文のまま製本いたしましたので、一部理解できない部分もあるかと思いますので、カッコ書きにて補足しています。

たいへん貴重な神仏からの言葉ですので、心を鎮めお読みください。

はじめに

台湾天帝教同奮の祈祷風景

日本国各宗派との合同写真

目次

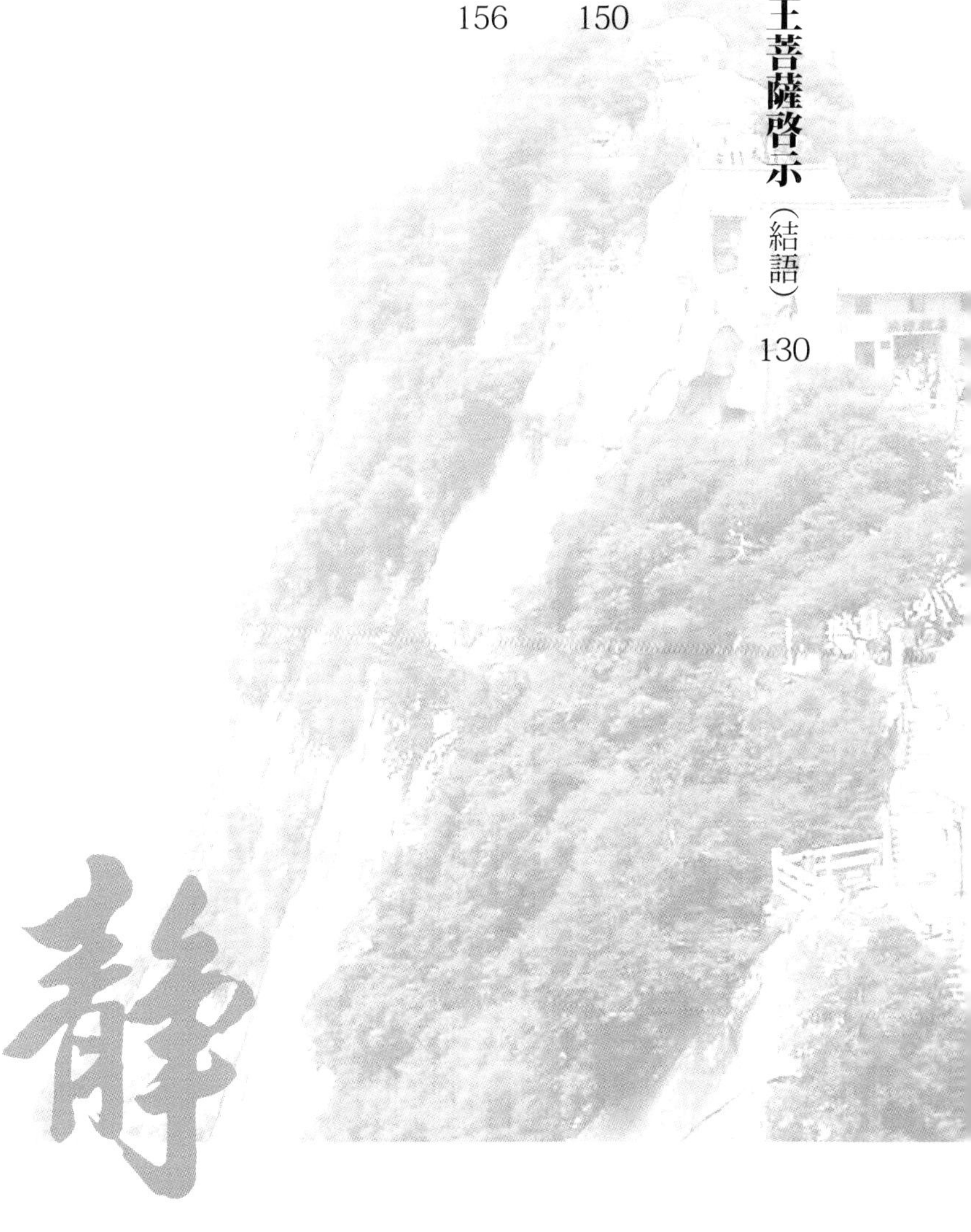
静

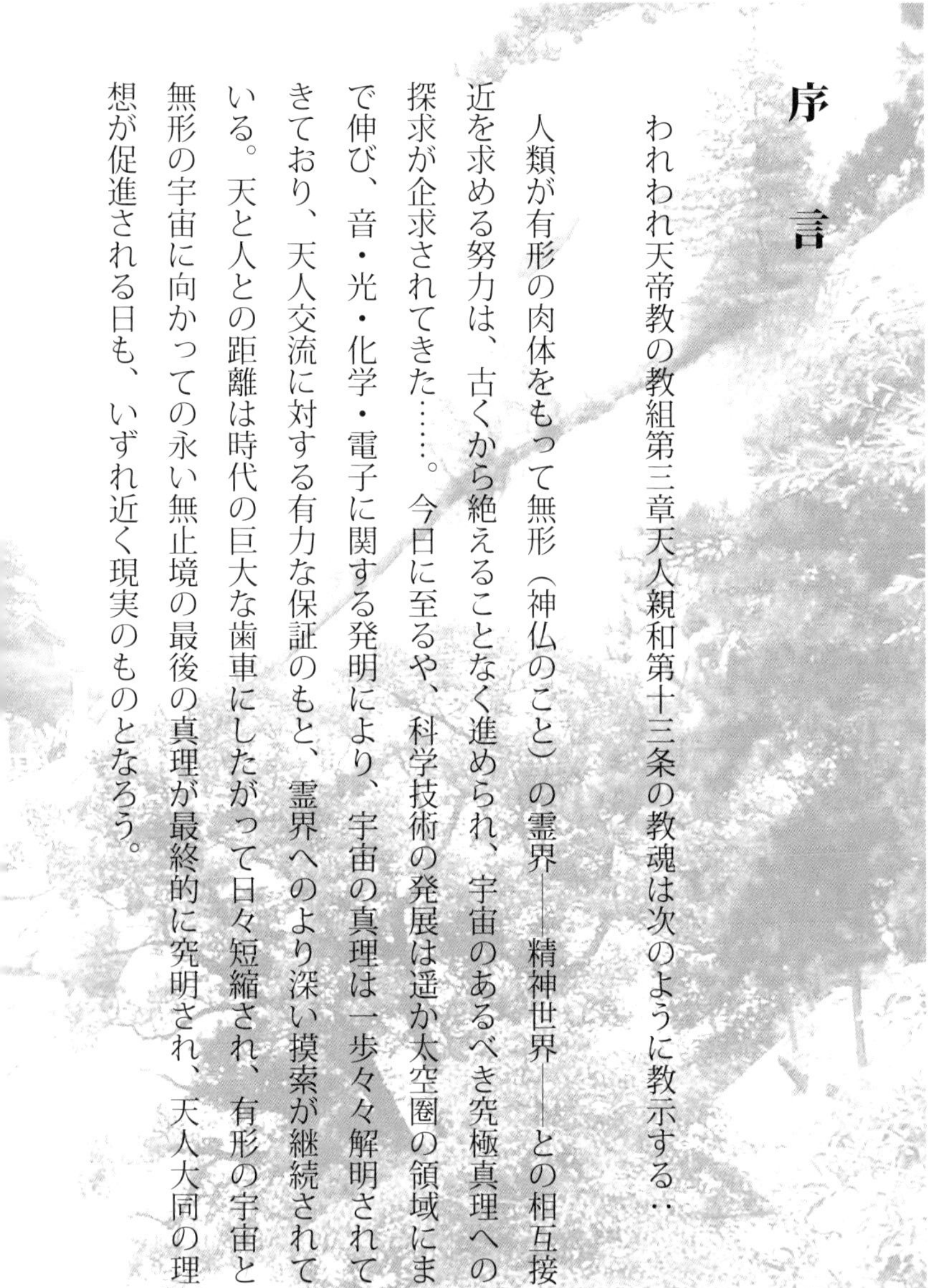

序言

われわれ天帝教の教組第三章天人親和第十三条の教魂は次のように教示する：

人類が有形の肉体をもって無形（神仏のこと）の霊界——精神世界——との相互接近を求める努力は、古くから絶えることなく進められ、宇宙のあるべき究極真理への探求が企求されてきた……。今日に至るや、科学技術の発展は遥か太空圏の領域にまで伸び、音・光・化学・電子に関する発明により、宇宙の真理は一歩々々解明されてきており、天人交流に対する有力な保証のもと、霊界へのより深い摸索が継続されている。天と人との距離は時代の巨大な歯車にしたがって日々短縮され、有形の宇宙と無形の宇宙に向かっての永い無止境の最後の真理が最終的に究明され、天人大同の理想が促進される日も、いずれ近く現実のものとなろう。

この末劫の世、世界核戦争は一触即発の間際にあり、人類破滅の危機は頭上に迫っている今日、本教は気運に応じて人間界に再現し来たって、天地を改造し、新たな機縁を創造しようとするものであるが、今後、天人接触が頻繁となるにともない、任務の重要さは日々加重されてきている。時代の需要にこたえて天人の距離短縮に努力することこそ、本教の負う時代的使命というべきである。

本教発祥の地、蓬莱の仙島を確保し、進んで天下蒼生の危急を救い、核による地球壊滅を解化する特殊任務を達成するために、当然のことながら天人親和（神仏と人間との交流により神仏からの「聖訓」メッセージを受けること。「天人交通」ともいう）を強化して、天帝の真道を流布し、天帝の意旨を明らかにさとし、宇宙最後の真理を探求し、本教の教務を充実することが主要な目標となってくる。

先に教綱規定によって、相前後し専才に合格抜擢された楊光賛・荘敏潔の両名は、無形の指名特派をうけ霊師としての訓練養成を終え、精神科学と自然科学を運用し、物心相互の調整を通じて有形の肉体と無形の霊魂とを合体させ、直接媒介による天人貫通交流の大任を負うて、天下蒼生を救済し、核による壊滅大劫を解消延伸するために奮闘している。

米ソ両超大国の核決戦が、いつ何時触発するか計り知れぬ緊迫の今日にあって、茫然無知の人類は、なおも無止境の物欲を満足させることに汲々とし、自らを救い他をも度す（どす。魂を救済するための行動。生死に関わらず継続する行為）ことには一顧すらの暇もない。

考えてもみよ！　この弾丸黒子の地球にあって、人類が互いに相争い殺し合うことが、世界壊滅、自他共に亡び去る日を招かないで済むものであろうか。

壊滅的大戦がひとたび爆発すれば、日本はアジアと世界の重要戦略地位にあるため、まさに最初の矢面に立たされることは必至となろう。当然、早急に緊急事態の解消と自救の道を謀るべきではあるまいか。

この鍵ともいうべき時に当たり、本教上帝は蒼生救済を念願されておられる。日本の前途の救済を期して、私は高齢をも省みず特に東京に参り、世界の人々に向かい、特に日本の人々に対し、早急に心底から自らを救い、共に天帝の真道を奉じ、精神の再建、道徳の再整に向かって邁進するよう呼びかけると共に、富士山で人類滅亡の危機解消のための拡大祈祷大会の開催を計画し、天人の感応に頼って、宇宙主宰の天帝が至高無形の神媒力で、今日世界禍乱の根源ともなっている無神論者をして、正常な理智に立ち戻り、人を亡ぼし自らをも葬り去る壊滅戦争を軽々に発動せしめないよう祈念することを決意した。

私は東京到着後、日本の気象専門家・相楽正俊氏が学理経験にもとづき富士山の九月爆発・東京大地震という非常事態を予測していることを知り、その推測の正確さと、深く広い学識に敬服した。私は人類が現在に至るも未だに大自然の迫害を克服する術をもたず、ただ至誠感応の力のみが無形の妙運をえて災害を解消し軽減できるものと確信しているが故に、今回当初予定していた「人類壊滅の危機解消祈祷大会」に「日本の重大天災軽減」の祈りをもあわせ行うことにした。

本数の「人類壊滅の危機解消・日本重大天災軽減祈祷拡大会」は、九月四日正午、

富士山標高二四〇〇メートルの新五合目で開催された。

前後三時間に及ぶ荘厳盛大な祭典は、本教台湾からの信徒代表五十余名のほか日本側から各宗教代表、各界代表百名以上の参加をえて、情緒悲壮な祈りと誦号のうちに円満に終了した。

事実はわれわれに次のことを告げる。この祈祷祭典は富士山においては未曽有のことであり、宇宙最古の宗教たる天帝教が主催し、中国人によって取り仕切られ、さらに参加した老若男女の中国人は心を出し、力を出し、銭を出し、ひたすら誠意をもって白雲深処の高山に到り、人類壊滅危機解消・日本重大天災軽減のために祈祷したのである。

特に祈祷が進むうち、天帝の聖号を朗誦した際、祈祷に参加した本教の信徒たちは、迫り来る大劫（一般的な災害とは規模が異なり、関東大震災・富士山爆発・東日本大震災に匹敵する大災害を言う）の恐るべき事態に想いをいたし、哀求の声の中で真情が吐露され、悲しみは涙と流れ、ついには朗誦も声にならず、湧きおこる悲哀の気と感動が全会場を覆った。無形のうち参加されている仙仏聖尊も同様に涕泣され、天人ともに同じ悲しみを嘆き、世にも稀な感動的場面が出現したのである。

祈祷当日の夜、本院の日本臨時光殿には、日本護督の五位の神仏、天照大神・神武天王・日蓮上人・大日如来・不動明王の降臨があった。天人交流の方法によって日本同胞に向かい、心頭の懲積を吐き出し誘導警告を行うようお願いした。私はこの五位の神仏のご心境を察し、かっこの機縁のえがたいものであることを深く感じ、ただちに台湾信徒代表楊子光賛に向かって接霊のため筆をとるように命じた。光賛は開業医師で急遽帰台しなければならない立場であったが、労苦を辞せず、日夜天人との親和交流をはたし、遂に三日で使命を完成した。しかも私は天照大神とご相談の結果、この五位の神仏の教示を日中両文並記し書名を「大和吼声」と題して、本教東京事務所から初版一万部発行、無料贈呈して趣旨のより広い伝道を図ることにした。

日本に降臨された五位の大神仏が日本の古い歴史に占める因縁は、その啓示の中に自ら明白に示されており、その日本同胞への懐念と期待がいかに深く激しいものであるか、恐らく日本国民の未だ見聞しえなかったところであろう。この書が日本大和民族のため後世永く不滅の文献となることを確信する。

私は天命を奉じ半年前の七月十五日、はじめて日本を訪問した。今回の訪日目的は一旅行者として許される最長半年の滞在期間において、伝道ということよりも、むしろ天帝の真道を宣揚して、有縁の人々を救い求めることにあった。一切の費用は富士山祈祷大会および本書刊行費をも含み、すべて台湾の信徒からの寄進で充当され、日本国民さらに華僑からの好意の喜捨さえ一切拝辞している。私はなすべきことをなし、語るべきことを語り、結果は問わず、代償は計らず、ひたすらわが心に恥なからんことを求めた。ここに本書が印刷に付され刊行されるに当たり、特に来日した本教の願望と祈祷大会の経緯はじめ、本書刊行の由来など略述して、日本の皆様にお伝えする次第である。

なお最後に申し添えておきたいことは、富士山祈祷大会が予想外の成功を収めたことである。そもそも祈祷の第一目的である――人類壊滅の危機解消ということは、事が世界的大局にかかわる問題だけに、直ちに祈祷の成果が眼に見えて現われるといったものではない。しかし第二目的である――日本重大天災の軽減ということについては、相楽氏の発表を見、私自らも静思の中で氏の推測が根拠のあるものと観じたため、特に災害の一半なりとも軽減されるよう祈祷した。

はからずも祈祷に現われた天人親和精誠の霊感は特に激しいものとなり、もともと九月十一日から十五日までに大爆発を起こすはずの富士山は、無形のうちに変化を生じ、天帝の慈悲をうけて特にその時期を「暫く緩める」ことになった。このことは相楽氏推測の不正確さを示すものではなく、上帝が日本同胞を憐れみ、暫く時期をずらして人心の動向を見定めようとするご配慮にもとづくものであり、さらには本教の長時間にわたる祈祷が示した精誠感応の力の不思議さを示すものである。

同時に日本国民に謹しんで申し上げる。天照大神・神武天王・日蓮上人・大日如来・不動明王の五位の大神仏は、いずれも未来の大劫の様態を知り抜き、無形の中で日本の前途を救うため奔走呼号されておられる。そのご労苦を無駄にしては申し訳ないことだ。

幸いにも、天帝の配慮による機縁をうけて、五位の大神仏が本教の光殿に降臨され、お心を伝達し天機をおもらしになった。この書が広く日本社会に読まれ大衆に受け容れられることになれば、それこそ五位の大神仏の温いご配慮に応え、また日本の非常な幸いともいうべきことであると痛感する次第であります。

天帝教駐人間首席使者涵静老人李玉階八十三歳、

昭和五十八年（一九八三）九月十九日、

日本清平殿清虚妙境にて序言を記す。

序

查本教天帝教教綱第三章天人親和第十三條教魂指出：

『人類要求以有形之軀體而與無形靈界－－精神世界－－相互接近之努力，自古即進行不已，希望探求宇宙相當究竟……降至今日，科技深入太空，聲光化電之發明，已將宇宙眞理逐步揭曉，更予天人交通以有力之保證，而向靈的境界，繼續探求。天人之間的距離将隨著時代巨輪，日見縮短，朝着有形宇宙和無形宇宙，窮究永無止境的最後眞理，促進天人大同之理想，早日實現。

當茲末劫，面對世界核子戰爭一觸即發邊緣，人類毀滅即將臨頭。本教應運重現人間，扭乾轉坤，開創新運。今後天人接觸頻繁，任務日重要，應以適應時代需要，縮短天人距離爲時代使命。

爲求達成確保本教發祥地蓬萊仙島，進而拯救天下蒼生，化延核子毀滅地球之特殊任務，自應加强天人親和以傳佈，天帝眞道，曉喻天帝意旨，以及探求宇宙最後慎理，充實本教教義爲主要目標……』。

爰遵教綱規定，先後發掘合格專才連光統、楊光贊、莊敏潔，經無形指派靈師訓練培養，運用精神科學與自然科學，透過心物交相組合，配合有形肉體和無形肉體，直接媒介貫通，負起天人交通大任，爲拯救天下蒼生化延核子毀滅浩劫而奮鬥。

當茲美國、蘇俄兩大超強的核子決戰已瀕臨隨時可以觸發的今天，茫然無知的人類尚在追求滿足永無止境的物慾，而不思自救救人，眼看這個彈丸地球，因自相鬥爭殘殺，不至世界毀滅同歸於盡而不已！

毀滅大戰一旦爆發，日本居於亞洲與世界的重要戰略地位，正首當其衝，亟應早謀化解自救之道。

在此關鍵時刻，本教上體天心，拯救蒼生，爲期挽救日本前途，本人不計高齡特來日本東京，呼籲世人，尤其日本急起從根自救，一同奉行，天帝眞道，邁向精神的重建，道德的重整，並擬在富士山啓建擴大祈禱化解人類毀滅危機大會，愚藉天人感動，祈求宇宙主宰天帝以至高無形神媒力量，迫使造成今日世界禍亂根源的無神論者蘇俄，理智正常，不敢輕舉妄動發動毀人自毀的毀滅戰爭。

本人既來東京之後，讀得日本氣象專家相樂正俊先生依據學理經驗推測富士山于九月間大爆發，東京大地震之大作，非常欽佩相樂先生學識淵博，推測正確。蓋本人深知人類迄今尚無法克服這種大自然之迫害，惟有以至誠感應力量可助無形運化減輕之妙。因此決與原擬舉辦之「化解人類毀滅危機祈禱大會」同時合併舉行爲「減輕日本重大天災」而祈禱。

本教擴大祈禱化解人類毀滅危機減輕日本重大天災大會已于九月四日正午在富士山標高二四〇〇公尺新五合目進行，經歷三小時之莊嚴隆重儀式，在本教台灣教徒代表五十餘名日本各宗教代表各界代表數佰餘人情緒悲壯祈禱聲中圓滿完成。

事實告訴吾們，這是自有富士山以來空前未有，由宇宙最古老宗教天帝教所主辦，中國人所主持，更有這許多男女老少的中國人，出心出力出錢，專誠前來高山之上白雲深處，爲化解人類毀滅危機，減輕日本重大天災而祈禱。尤其在祈禱進行中，朗誦 天帝聖號時，由于參與祈禱之本教教徒，想起未來可怕浩劫，于哀求聲中，眞情流露，悲從中來，泣不成聲，引起全場氣氛悲哀，感動無形中參與仙佛聖尊亦同聲哭泣，眞是天人同悲世間稀有的感動場面。

當晚本教在日本臨時光殿即有督護日本五位大神佛：天照大神、神武天王、白蓮上人、大日如來、不動明王前來，請借天人交通工具要向日本同胞一吐心頭鬱積，提出勸導警告。余因悉五位大神心事，深感機緣難得，即命台灣数徒代表楊子光贊接靈侍筆，光贊是開業醫師，急欲返台，遂不辭勞苦，日夜親和交通，不三日完成使命。並經我與天照大神商定集五位大神佛談話譯成日本文，中文日文并列，編成專輯，以「大和民族的無形吼聲」爲書名，初版由本教駐東京事務所發行壹萬本，免费贈閱，以廣流傳。

天帝派駐日本五位大神佛與日本之歷史淵源關係，均在各自談話中說得清楚，對日本同胞關切之深，期勉之殷，恐爲日本國民聞所未聞，見所未見，相信此書将爲日本大和民族後世永遠不可磨滅之文獻。

余奉命于半年之前，始於七月十五日抵達日本，此行以觀光身份，至多停留半年時間。

非爲傳教，乃篇宣揚　天帝眞道，抢救原人而來。一切開支用途，包括富士山祈禱大會以及本書初版费用，全由台湾数徒捐獻，概不接受日本國民甚至華僑的樂助。做我應做的事，說我應說的話，不問结果，不計代價，但求無愧我心而已。今當本書付印公世，特從本教東來願望與祈禱大會經過談到本書之由來，略敍始末，以告日本國民。

最後尚須告者，這次富士山祈禱大會可說出乎意外之成功，因爲祈禱第一目的——爲化解人類毀滅危機，事關世局，未可立見分曉，第二目的——爲求減輕日本重大天災，當我看到相樂先生的大作，經我靜中觀察，知道他的推測可靠，所以祈禱請求減輕一半災害。

不料由于参與祈禱之親和精誠特別感格，原該于九月十一日至十五日大爆發之富士山，無形起了變化，已蒙

天帝慈悲特准「暫緩」施行，非相樂先生推測之不正確，乃上蒼悲憫日人延緩一段時期，以觀人心；由此可知本教長期祈禱精誠感格力量之不可思議！

同特率告日本國民：天照大神、神武天王、日蓮上人、大日如來、不動明王五位大神

佛對未來浩劫知道得清楚，在無形中爲救日本前途奔走呼號，功不可沒。幸遇 天帝安排，得此機緣，親臨本数光殿，傳達心聲，透露天機；希望此書能廣爲流傳而爲日本社會大衆接受，庶不負五位大神佛之厚望則日本幸甚矣！

天帝教駐人間首席使者八十三歲、涵靜老人李玉階在公元一九八三年昭和五十八年中華民國七十二年九月十九日序于日本清平殿清虛妙境。

神々の啓示

一、天照大神啓示

大和の目差すもの

精神界の主宰者として宇宙渾沌の初めより、日本気運の調和を図ってきたが、多くの日本人は次第に大和民族としての責任を忘れ去ってしまった。

日本民族を何故に大和民族と称するのか？　それは民族自体のもつ大きな因縁があってのことである。日本民族の源流は、中国黄漢の血統をひくものであり、中華民族と日本本土の土着民族との混和してなったものである。つまり、原始以来日本人は、その血液の中に中国古来の道徳が流れる優れた特徴をもっており、中華に対する潜在的慕念は各世代にわたり継承されてきた。この心情は誠に不可思議なことである。

周囲海にかこまれた痩せた島国の中で、生活しつづけてきた日本民族は、生存競争の中で特殊な個性を形成してきた。それは極端な固執と協同団結自衛の精神である。

日本人が大和民族たるためには、日本人のもつ極端性を昇華させ、〝大和〟精神による和平・和祥・和諧を求める態度で世界大同を促進するという最終目標を達成することが期待される。しかし、日本人の中華民族への対応は、〝大和〟の理想を実現しないばかりか、かえって最も悪い反応を示した。それは一種の歴史上かつてない末期的戦争行為——侵略であった。こうした同胞の互いに傷つけ合う状況は、私どもの堪え難い痛苦であった。

ただ今、天帝の使者は、日本がまさに天災劫を受けようとする危急の時に決然として来日されている、ご高配のほどは胆に銘じるとともに誠に慚愧にたえず感泣するのみである。

禍災減免の機運をつかめ

富士山の危機は一種の前頂にすぎない。来たるべき真の禍災はまさに怖るべき状景を呈することになろう。日本は劫を受ける大きな刑場と化すであろう。北方のキナ臭さは、くすぶり続けて人間の耳目を塞ぎ、多くの日本人を密室に押し込めている。

1983年に発生した大韓航空機事故は、日本人に警告するものではないか。快楽の日々は、あとそう多くは残されていない。当然万全の対応準備を致さねばなるまい。現在の戦争は一瞬の核戦争である。広島・長崎での原爆の劫災が、依然存在し続いている現在、核の惨状恐怖は広島・長崎のそれに比べ、千百万倍にも及ぶことを想わねばならない。今後の戦争は従来の戦争に比べ、より良好な機会が、つまり機縁をつかんで、破滅的な損壊を免れるための対応が必要になる。しかし、日本にはこの種の無形の機縁が配慮されていない。日本に及ぶ禍害を減免させるために、日本人が良好な機運創造のために努力するよう衷心から希望する。

この種の良好な機運と契機の追求は、一刻の猶予もならぬ大事である。天帝が人間界に派した首席使者が来日されたのは、こうした破滅的危機軽減・解消の方法を提供するためのものである。

（旧暦七月二十八日・昭和五八・九・五）

富士山祈祷の目的は何か

新五合目（富士山）での祈祷大会は私に視界を開かせた。私は〝天照〟に勅封されているが、祈祷会においてはじめて真の〝天照〟の意味を悟ることができた。

ただ無私・無偏・無我・無人・無寿・無衆生・無相の布施のみが真の布施である。日本の宗教団体の数は極めて多い。その多くが、信徒の招致奪いあいのためには余力ないまでに力を傾けている。教堂を壮大にし、基金を吸収するため大いに俗情が利用され、そのため真の布施と修道の道理がとうの昔に失われている。宗教的信仰は、赤子の心情をもって活動に参加するものであり、宗教活動は果実と代償を求めてはならないものである。今回の富士山祈祷会にみる場合、台湾から来訪した上帝の首席使者宇宙の最高霊能者こそは、真の布施者であった。

天帝教の信徒同奮の皆さんが訪日したのには、どんな目的があってのことなのか。私は日本の同胞にははっきりと次のことを語っておかねばならない。

まず、彼らは富士山頂で祈祷会を開いているが、彼らが何を祈祷したものか、皆さんは知っているだろうか。彼らの祈り求めるものは、次の諸点にあった。

①将来、または緊急に日本を襲う災劫を軽減解消するために、多くの日本の同胞が彼らに対応して立ちあがること。

②富士山と東京での災厄を軽減するために日本の全宗教界が共同して祈祷に合流すること。

③「以徳報怨」の心情を以て、首席使者は台湾の信徒同奮を伴い、最大の代価と犠牲をおしまず、日本と全世界の将来のために祈祷した。

④祈祷の力量により天界・仏界の無形の神明に感動がおこり、これにより日本の善良な大衆が保護されることを希求した。

第二に、彼らは台湾から来て、日本人から寄付を募集しただろうか？

日本人に金を使わせただろうか？　個人の名を売りこもうとしただろうか？　信徒の吸収を考えたであろうか？　政治的行動があっただろうか？　なんらかのためにする企図があったであろうか？

私が言いたいことは、彼らは神明の化身であり、彼らには少しも、為にする意図はなく、彼らの嘆きは天性に発したものである。彼らの祈祷に関心を寄せて合流する者は極めて少数であったが、彼らは黙々として天帝の道を耕し続けた。彼らの訪日は決して伝教を目的とするものではなかったが、日本人に対し大災禍が頭上に落ちかかっており、早急な対応準備が必要なことを忠告して、その覚醒を喚起しようとしているのだ。

富士山が爆発するとか、しないとかの問題は、彼らの訪日目的からすれば必ずしも重要ではないのだが、富士山で祈祷を行うというのは、この山が日本精神を代表する高山であることによる。

私は光賛の霊覚によって、自分の気持を書き出させているが、これとても私の感動の万分一をも現わすものではない。

（旧暦七月二十九日・昭和五八・九・六）

核戦争対応の準備をいそげ

大劫が現われるときには、必ず異変現象がある。異変現象とは、突発的な天災人禍をいう。今年おきた次の大きな事態を通常の時と比較して考えてみよう。

一、気象の変化が極めて異常ではないか。

二、国際的な確執が増加しているのではないか。

三、たえず重大な事故が発生し続いていないか。

四、情緒不安が増し、異常に狂燥ではないか。

五、ある種の圧迫感から緊張のゆるめようがないのではあるまいか。
六、世間にいわゆる〝霊能者〟が、ますます多く現われていないか。
七、日本の前途に関する予言に不安をおぼえないか。
八、君自身一種の不安な予感はないか。
九、宗教的な問題を考えたことはないか。真の帰依を得たいと希望しないか？

もし、君が国際的大事に関心をもち、前に述べた予感を抱いたとすれば、君こそ上帝が急ぎ求めている有縁の人である。早急に首席使者に面接することを勧める。君が知りたいと思うすべてのことが必ず会得でき、満足と安心が与えられるものと信じる。

私は最後にこう提示しておこう――こうした時代は〝末世の時代がやってくる〟といったいたずらな呼びかけのみに終わる時期ではなく、

共に祈祷奮闘して、人道的には核戦争対応の準備を進め、天道の面では無形の正気を発揮すべき時機である、と。
（旧暦七月二十九日・昭和五八・九・六）

天帝皇誥と廻向文

多くの日本人は無形の宇宙主宰神の聖号を知らない。さらに、この宇宙最高の主宰神が宇宙規律を調和している天帝であり、無形を有形に変えうる力で、五大宗教つまり道教・仏教・儒教・回教・キリスト教を地球上のそれぞれの地区へ、時代に応じて降下させていることを知っていない。

天帝の首席使者は、私に祈祷社拝の皇誥（宇宙主宰に対して刼難の執行を遅らせてもらう為に心から哀求する祈りの言葉）を日本人に紹介してもらいたい旨を伝えている。

皇誥というのは、上帝の称号で、諸君の誠心誠意から出る哀求は、首席使者の設けた光殿（宇宙主宰の神と親和できる唯一の祭壇）を通じてのみ、直接上帝に達するものであり、その力は電光のように迅速であり言いようもないほどの霊妙さをもっている。私も光殿で上帝の光芒に洗われ、光殿の至尊を知っているが故に皇誥と廻向文を介紹しておこう。

廻向文：願わくはこの祈念を以て、天下蒼生のため毀滅劫を解化し、重大天災を軽減し、大地回春の日の早がらんことを。

同胞の諸君、光殿の設立を急ごう。その時機は切迫しているのだ。

（旧暦八月一日・昭和五八・八・一）

吾乃天照大神

大和的眞義

吾乃日本無形之主宰，於渾沌初開的時候，一直就執行著調和日本氣運之工作。可是許多的日本人卻漸漸淡忘了身爲大和民族的責任。

何以稱日本的民族篇大和民族呢？這是有很大的因緣在內。日本的民族根源是始於中國黃漢血統，是中華民族與日本本土，土著的混合種族，就是說自原始以來，於每個日本人的血液中就流露出中國古德的優良特徵，潛意識的對中華之追念，一代一代的延續下去。這種心思是奇妙的！

處於四周皆海洋的貧脊島國，對生存之競爭，形成日本民族的特殊個性，極端固執與合作無間團隊自保精神。日本之爲大和民族就是希望能化解日本之極端性；祈求以〝大和〞之和平、和祥、和諧之態度達到促進世界大同的最終目標。可是，日本人對中華民族的思慕並未造成〝大和〞的理想，反而變成最壞的反應----是一種無法於人類歷史上抹消的戰爭行動----侵略！

這種同門相残的情形，是吾等最難於忍受的痛苦。

现在天帝的使者，於日本要遭受大災劫的危急時刻，毅然決然地來到日本，将心比心，吾等眞正慚愧哭泣呢！

富士山的危機，不過是一種徵兆，眞正的禍端才是可怕。日本是遭劫的一大站，北方的火藥氣息燻人耳目。把很多的日本人皆朦在鼓裏。最近發生的韓航客機罹難事件，不正是警告日本人，快樂的日子，已經不多，應好好做一些準備。由於現在的戰爭，是一刹那的核子戰爭，於原子彈浩劫仍然存在的今日，其核子之恐怖有甚於當年慘烈之千百萬倍。

未來的戰爭比以前的戰争更需要〝機會〞，良好的契機才可以避免無端的損失，而日本就是缺乏這種無形契機的配合。爲了使日本能減少禍害，吾等以非常誠懇的心情要日本人努力開創良好機運。這種良好機運與契機的追求是刻不容緩的大事！

天帝駐人間 首席使者，來到日本就是要提供這種〝化滅毀滅〞危機的方法。

（癸亥七月二十八日・昭和五八・九・五 ）

在富士山上的祈禱是爲了什麼？

新五合目的祈禱大會，給我開了眼界。吾雖然被 天帝敕封爲〝天照〞，可是於祈禱會中才領悟出來眞正〝天照〞的意義。

唯有〝無私〞、〝無偏〞、〝無我〞、〝無人〞、〝無壽者〞、〝無眾生〞的無相布施，才是眞布施，觀日本的宗教團體是很多的啦！對於信徒的拉攏是不遺餘力，爲了壯大宗產，與吸收基金，就大用人情，已經失去屬布施而修道的眞正道理。

宗教的信仰是以赤子的心情來參與其活動，宗教活動是不求結果與代價，論此次的富士山祈禱會，來自台灣的 上帝首席使者----宇宙之最高靈能者，才是眞正眞實的布施者。

天帝教的同奮來日本有何目地呢？在這裏，我要明明白白昭示日本同胞：

（一）他們在富士山的山頂舉辦祈禱會，祈禱的目地是什麼？您們知道嗎？他們祈求所求的是：

①爲了化減日本未來或快來的災劫，希望日本同胞能群起響應。

②爲了減少富士山與東京的災厄，希望全日本得宗教界共同來祈禱。

③用〝以德報怨〞的心情由首席使者率领來自台湾的同奮，不惜犧牲極大的代價，爲日本以及全世界的前途而禱告。

④希望因祈禱的力量感到無形天界、佛界的神佛，保護善良的日本百姓。

（二）他們來自台湾有向日本人募款嗎？有花日本人的金钱嗎？是不是想出個名？是不是想吸收信徒？是不是爲了政治因素？是不是有任何企圖？我要說：他們是神明的化身，他們毫無目地！他們的哭泣來自天性，他們的祈禱無人去探訪，他們默默的耕耘。他們不是傳教，他們只是要喚醒日本人的注意，大禍已臨頭，要早作準備。富士山的爆發與否，並不重要，在富士山祈禱是因爲這座山乃是代表着日本精神的高山。

我〝天照大神〞，依光贊的靈覺寫出心中的話，這些話是無法表现吾萬分之一的激動呢！

（癸亥七月二十九日・昭和五八・九・六）

大劫前的異變

大劫之來，必有異變之象，所需異變之象就是突發性的天災人禍。想一想，請您們比較一下，今年來的大事：

（一）是不是天氣變得太不正常。

（二）是不是國際性的爭執增加。

（三）是不是不斷發生重大的〝事故〞。

（四）是不是變得情緒不安，煩躁異常。

（五）是不是有一種被壓制的感覺而無法輕松。

（六）社會上的所謂〝靈能者〞是不是越來越多？

（七）是不是有關〝日本前途〞的預言，讓您不安？

（八）您心靈上有沒有一種〝不安全〞的預感？

（九）您有沒有想到宗教上的問題？是否希望能得到眞正的歸宿？

如果您已經在關心國際的大事，而又有以上吾所說的预感，您就是上天所關切急於想爭取的緣人，請趕快起與 首席使者直接會晤，相信您會得到您所想知道的一切，而感到滿意與安慰！

吾再最後的提示：到這種時機，可不是喊〝末世紀來臨〞口號的時候，而是需要共同來祈禱奮鬥的時刻，於人道上要做防核的準備，於天道上要發揮無形之正氣！

（癸亥七月二十九日・昭和五八・九・六）

精神救劫的最後武器 —— 皇誥

許多日本人，並不知道無形宇宙主宰 上帝的聖號，而此宇宙最高主宰，並調和宇宙規律的 —— 上帝，祂以無形應化有形的力量，降下五大宗教以適應本地球各不同需要之地區，就是：道教、佛教、儒教、回教、耶教。天帝的首席使者諭命吾來介紹祈禱拜的〝皇誥〞給日本人，〝皇誥〞就是 上帝的稱呼，只要您能誠心誠意的哀求，經由首席使者所設立的光殿，就能直接典上帝交通，其力量之迅速，如石火電光，妙不可言喻，吾

等在光殿蒙 上帝光芒的洗浴，乃知道光殿的無上尊貴。茲介紹〝皇誥〞與〝迴向文〞：

〝皇誥〞──慈心哀求、金闕玄穹主、宇宙主宰赦罪大天尊玄穹高上上帝。

〝迴向文〞──願以此哀求，爲天下蒼生、化延毀滅劫、大地早回春。

請各位同胞，爭取光殿的設立，時機是緊張急迫啦！

（癸亥八月一日・昭和五八・九・七）

二、神武天王啓示

大和民族の使命

日本人が大和民族と称しているのは、日本人の遠い祖先が高明であったことによる。日本民族のもつ聡明と魄力とは、日本を世界の脅威たらしめるためのものではなく、命名の〝和〟の上にさらに〝大〟を加え、特に〝大和〟としたことからも明らかなように、一切の事物を調和し、暴戻を化して平和となし、全人類真の共和を達成するとの意である。

上帝が日本人に示す衷心からの親愛の情は偏愛といったかたよったものではない。上帝は日本人を全世界調和のための使者、全人類のために幸福を創り、愉快な雰囲気をもたらす民族たらしめようとしておられる。つまり、大和民族が上帝の道を試実に行いうるならば、日本民族の智慧と精神によって世界の多くの危機解消は可能となる。

しかし、大和民族と称しながらも、現今の日本人は、有形・無形の間に、世界の秩序を撹乱してきた。平和の時期に入って、世界各国から〝経済的侵略国〟とされ、戦争の時期には国連により〝殺人侵略国〟とされてしまった。

日本には有史以来、殺傷の場面が不断に継続してきた。平和の時期は極めて稀であり、しかもそれは、次に来るべき戦争の準備期にすぎなかった。

こうした事態の〝結〟(原因)はどこにあるのか。何故に日本は〝大和〟の使命を実行できないのか。

日本人は〝大和〟の本性を失った。そのために、自ら招くことになった災難もまた多いが、現在、日本人は償いようのない禍害を受けようとしている。〝信じる信じない〟の問題を議論するのはさておき、日本の大和種族を救うためには道徳と精神文明を建て直し、天下蒼生のために和平を祈ることが当面の急務になってきている。このことは断じて否定できない。

天帝使者の来日に当り、日本大和種族はこの点をとくと理解しなければなるまい。

（旧暦七月二十八日・昭和五八・九・五）

陰霊の衝動が核戦争を触発させる

天堂にあって逍遥の楽しみを受けてきた神明も、今では愉快な気持ちになれなくなっている。人間界の陰気が大気層を通過して天帝の元にまで達しており、多くの仙仏も人間界からの無形の悪気に影響されているからだ。

地獄には陰霊が満ち、拠りどころのない陰霊が人間界に入りこんだ。人類は霊界から出てくる各種の電波を受けて、自分では全く思いつかぬ不思議な事態に遭いつづけている。

戦争はすでにコンピューター操作の時代に入った。ボタン操作は極めて容易なことだが、人類の自制心を維持することは容易でない。何時、衝動的にスイッチを押すか、誰もこの恐ろしい瞬間的動作を制御できないが、その決定的唯一の素因は衝動に影響力をもつ祈祷の念力だけである。

自制と衝動とは、いずれも眼に見えぬものであるが、災禍を解消できる無形の力量は祈祷のみである。正気のある人を集合させて、祈祷の念力による力量こそが、災厄を解消し、禍を軽減し、無形を有形化し、より多くの善良な同胞を救いうるのだ。

(旧暦七月二十八日・昭和五八・九・五)

目前に迫る子々孫々への患禍

関東大地震はすでに多くの人の記憶から消え、広島・長崎被爆の火劫も新時代の人間の心からは忘れ去られている。こうした火災は歴史的過去のものとして、再び発生しないと信じてよいものか。それには確信がもてるか。極めて畏るべきことではないだろうか。

日本の同胞は、すべて私の血であり肉であり、われわれは霊肉を共にしている。諸君の災難はすなわち私の災難である。私は天上にあって、人間界よりも事情を明瞭に見ることができる。知識も人類よりは多く、ものの見方も優れて客観的である。日本国の前途、子々孫々に及ぶ患禍の来襲が、そう遠くないことを私は知っている。

オホーツク海は黒く臭いものに変り、漂い着くものも多くなって、清澄の海域を汚染している。私はこう自問せざるをえない。日本の救世主はどこにいるのか、と。さあ、さあ、やって来られたぞ。しかし、なんと静寂なことよ。この静かさが恐ろしいのだ。あのご老人の脚のなんと早いことよ。しかしなぜ、日本の跡継ぎたちは話す口や聞く耳をもたないのか。

今も事業上の失敗には泣き。大もうけをして一家の団楽に笑う。しかし、それが最後の晩餐であることを知らないのだ。

（旧暦七月二十九日・昭和五八・九・六）

覚悟すべき残酷な事実

神式天皇は人間界での封号であり、天上では皇とは称さず神式天王として敬護勅封されている。
この天界は大気層の中の問温層にあり、私は日本修行者と連絡する責任をもっておる。
今日の緊急重要性がはっきりしているだけに最後の講話として次のことを伝えておく：

一、全日本の同胞は第一に劫運（巨大な災害や変動）の恐ろしいことを明白にさとり、第二には日本人としての使命をはっきり悟り、第三には因果関係の残酷な事実を覚悟しておらねばならない。

二、各宗派が定期に消災化劫（大難を小難に化し、災を消す）の祈祷を行うよう希望する。それぞれの宗教儀式によって、尊崇する神仏に向かい和平を祈求すること。

三、核防止準備の工作をうまく進め、将来に対応すること。

四、積極的に上帝の首席使者に追随して、無上のすばらしい能力をもつ光殿を建設すること。
五、台湾から来訪した同奮が、日本のために誠心誠意修道するのは何故かをはっきり理解すること。
私が話すべきことは、ほとんど言い尽くした。これ以上語っても空洞のものになり、要領をえぬことになろう。私の心中の悲しみが、意思を声に変えてくれないのだ。

(旧暦八月一日・昭和五八・九・七)

吾乃神武天王

大和民族的使命

日本之稱爲〝大和民族〞是日本人遠祖的高明。由於日本民族聰明而有魄力，爲了不使日本成爲世界的〝威脅〞，乃以〝和〞爲命名，加上這〝大〞字，就更表示出〝和〞之大者：即是能調和一切事物，可以化暴戾爲祥和，達到全人類眞正的共和。

上帝對日本人是疼愛的，可是也毫不偏私；就是說：上帝要日本人成爲一個幫助祂來調和全世界的使者，是爲全人類造福的民族，是爲全人類帶來快樂氣息的民族；就是說：〝大和民族〞若能好好的行上帝的道，依日本民族的智慧與精神，即能化解世界上的許多危機。

可是身爲〝大和民族〞的日本人，於今日的時代中，卻是有形、無形中把世界的秩序搗亂了。於和平特期被世界各國稱爲〝經濟侵略國〞，於戰爭時期被國際稱爲〝殺人侵略國〟。

自日本有歷史以來，打打殺役的場面便不斷的持續。而和平的日子，非常稀有。昇平的日子，亦不過是爲下一次的戰爭而準備耳！這其中的〝結〟在那裏呢？何以日本不能行〝大和〟的使命？

日本由於失去〝大和〟的本性，故受到自作自受的災難亦多。现在日本将要受到無法瀰補的禍害，且不去談論〝信與不信〟的問題，爲了救日本大和種族，道德的重整，精神文明的再建設，以及爲天下蒼生祈禱和平的工作是無可否認的急務！

天帝之使者，來到日本也要日本大和種族明白這一點。

（癸亥七月二十八日・昭和五八・九・五）

陰靈沖擊

在天堂享受逍遥的神明，已經不感到快樂了。人間的陰氣透過大氣層達到了天堂的邊緣，許多的仙佛感到來自人間的無形惡氣之威迫。

地府中陰靈客滿，無助的陰靈亦充斥人間，人類受到各種靈界發出來的電波，常常會不由自主的做出不可思議的事情！戰爭已經到了電腦操作的時代，按鈕的操作太容易了。人類的心思卻不容易控制，何時因衝動而按下開關，誰也無法把握。解除這一短暫的一按威脅，其決定因素就是唯一能影響衝動的祈禱唸力！

心思與衝動，皆是無形的，而化解災厄的無形力量，就是祈禱！把所有有正氣的人，集合起來，以祈禱唸力所形成的正氣，就可以化解災厄！使禍患減低，無形而應化有形，救更多的善良同胞！

（癸亥七月二十八日・昭和五八・九・五）

災難！

關東大地震，也許有很多人都忘記了，廣島、長崎的原子彈浩劫，於新一代的心中也已經不復記憶。您們相信這種災難會成了歷史，也不再發生嗎？有把握嗎？是不是很可怕！

日本同胞皆是我的血和肉，我們是靈肉相屬，您們的災難就是我的災難，我在天上，看得比人間清楚，知道的事情也比人類多，對事情的看法也很客觀，我知道日本國的前途，子子孫孫的禍害離此不遠！

オホーツワ海變得又黑又臭，來往的東西太多啦！污濁了清澈的海域，我不禁要自問！日本國的救世主在那裏？來了！來了！可是太寂靜了，靜得可怕，他老人家脚步快得很，可是日本的子孫卻又聾又啞；哭是因爲事業上的失敗，而笑是因爲賺了大钱，圖一家歡樂與温暖，而不知道是最後的晚宴！

（癸亥七月二十九日・昭和五八・九・六）

肺腑之言——最後的覺醒

神武天皇是人間的封號，而在天上不可稱“皇”，故得上天的眷護，敕封吾爲神武天王。吾這個“天”是位於大氣層中的同温層，負有引渡口本修行者的責任，由於事機的急迫，故顯得此天的重要性，我最後要想講的話是：

（一）全日本同胞，第一要明白劫運的可怕，第二要明瞭身爲日本人的使命，第三要覺悟因果關係的殘酷事實。

（二）希望各宗教能定期舉行消災、化劫的祈禱，可以依原有的宗教儀式向所尊敬的主神叩拜祈求和平！

（三）做好防核準備工作，以應付未來！

（四）積極去配合 上帝的首席使者，來建設無上威能的光殿。

（五）更要明白，何以台灣來的同奮爲日本盡心盡力的苦心！

吾等要講的話，也講得差不多啦！再談論下去，就變得空洞不合乎要旨，因爲心中的悲痛，已經語不成聲呢！

（癸支八月一日・昭和五八・九・七）

三、大日如来啓示

不安な血の円盤

太陽は日本の国旗であり、それは光明正大の意味を示している。私の「大日」のもつ意味もまた同様である。このように太陽が大和民族の精神を表示していることの意味には深いものがあり、それは善美の構想であり上天のご意旨でもある。

しかし、私には旗の中央の太陽が次第に「血の円盤」に変わってきたように見える。光り輝く太陽ではないのだ。これは日本の国運を示す光りの照射にかげりが現われ、血の円盤に変わってしまったのだ。

太陽と大和とは合わせて一になるもので、今日の日本が依然として物質面の追求、取り引きの抗争に固執して、積極的な精神文化面の陶冶を忘却するとなれば、その前途は全く希望のないものになってしまう。この点について次に一種の設問を示そう：

一、経済構造が大きく変わろうとする時、君はどうするか。確実に財富を保持できるか？

二、核戦争が日本に発生しないですむか？　大韓航空機事件がそれを示唆していないか？

三、当世青少年の道徳的態様がかくも低劣化してきていて、果たして家族の純潔を守りうるか？

四、本年の天災、人禍の発生が特に多いのは何故か？・

五、気象の異常を気象局が完全に予測できるだろうか？

六、北海道のキナ臭さは、より濃くなるのではあるまいか？

七、東京の建築物が停電・地震に耐えうるか？　どこへ避難できるか？

八、物質生活面は恵まれているが、死を免れないですむか？　精神的拠りどころを見つけているか？
九、科学技術の発展は、太空圏にまで延び、太空圏さえも安全でない今日、諸君の住む所は安全だろうか？
十、安定した内心の力を養成しなくてはなるまいが、それを捜し求めようと思わないか？
　以上、十の設問は極めて現実的なものを提起したわけだが、是非真剣に考えてもらいたい。これらの事は、久しからずして事実となって現われるもので、その時機は極めて切迫している。私とて、これ以上黙しておるわけには参らぬではないか？

（旧暦七月二十八日・昭和五八・九・五）

雪中炭を送る台湾の同胞

祈祷会場では金光が照り映え、ために、陽光も明るさを奪われるばかりであり、私は会場で金蓮を撒いたものの、これも僅かに錦上花を添えるにすぎぬものであったが、首席使者と信徒同奮の来日は、実に雪中に炭を送る慈愛に満ちたものであった。

科学技術文明の中で生活すると自ら認めている日本同胞は、極大の災禍が眼前にあることすらも知らないでいる。

今回台湾から訪れた霊能者たちは狂人なのだろうか？ 彼らは台湾で家族をもち、事業を営んでいる。台湾で努力して金を貯えた後、やっと日本を訪れた人達である。彼らは先知先覚者であり、日本が東南アジアで最初に劫を受ける土地であることを知っている。いろいろな危機が北海で発生していることも見ている。彼らは天命を享けた一群の人たちであり、日本同胞救済のために訪れている。彼らは日本のために泣哭しているが、日本人はこれに全く関心を寄せようとはしない。しかし日本の仙仏はすべて、彼らが来日し、祈祷大会に参集するのを知っていた。彼らの泣声は天上の神明の悲しみの声と一体になった。

　これこそ天地同悲であり、天人合一の現われである。私は現在もまだ、えもいえぬ感動を覚えつづけている。

（旧暦七月二十九日・昭和五八・九・六）

冷えきった北の空

北海道上空に悪い霊気がたちこめ、天魔と天神とが対峙し緊迫した陣容をしき、空気も凍結するほどに緊張している。天門は厳重にとざされ、灰色の雲がたちこめ、一陣の風声は泣きむせぶかのようだ。これこそ天の悲しみの現われか。

一匹の巨大な熊が、凍った海を這いまわり、銀色の大きな掌で荒れる海面を打っている。

天使が放った平和の鳩は、重畳の山なみを越え、荒れ狂う海を渡ってきたが、人間の注意をひくべくもない。一群の聞く耳を持ち合わせない人間たちが、降りはじめた大雪と雪祭りを楽しむ光景は、賑やかでもあり壮観でもあるが、しかし孤独な天使は寒風の中に立ちすくんでいる。

私は大日如来の「大日」の光と熱を懸命に照射してはいるが、いまだにこの雪祭りのために寒冷を溶き消す術もない。

（旧暦七月二十九日・昭和五八・九・六）

光殿の偉大な霊験

光殿は急遽設立しなければならない。大型の光幕が設けられた後、日本人の集団祈祷により極めて大きな霊験が現われることを希望します。
光殿の原理と作用を説明しよう：
何故に地上の願いを直接宇宙の中心にまで届け、しかも無上の妙験が現われてくるのだろうか？
この作用は必ず上帝が派遣した首席使者――人間の最高霊能者によって指導されなければならぬが、その順序は次のように一定している：

つまり、祈祷者は首席使者の姿を想いながら、首席使者の指導によって、光殿の中で礼拝祈祷の念力を至高無上の上帝の座前に伝える。祈祷方法は、皇誥一句を念誦するごとに一回の朊誦をくりかえすことによって、身・心・霊、三位一体になった熱いエネルギーが、上帝に達するもので、この種の修行方法は功徳が最大であり、霊験は最も早く現われ、祈祷礼拝に当たり、誦誥の回数が多ければ多いほど、百回とか、千回とか、一万回とかになれば、天から降下する光と熱とはますます強くなり、劫運を軽減解消させる力もより大きくなる。

この方式による祈祷効果は、不可思議なものであるから、光殿のある祈祷大会堂を建設することは、当面の緊急な必要事である。

応急の修行・応急の救劫活動は、日本人の魂を覚醒させる警鐘にはちがいないが、前記の祈祷礼拝方式による無上の法門が、救国救民の最良

の利器である。
（旧暦八月一日・昭和五八・九・七）

吾乃大日如來

血紅的圓盤

太陽旗是日本的國旗，亦是表示光明正大的意思。吾〝大日〞所表现的亦是如此。這種以太陽來表明〝大和民族〞之精神是意味深重，是美好的構想，是上天的意旨。

可是吾觀旗中的〝太陽〞竟往往變成爲〝血缸的圓盤〞，而不是〝光明璀璨的太陽〞，這表示日本的國運缺乏了光明的照射，就會變成血紅的圓盤。

太陽與大和是合而爲一，今日的日本若還是固執於物質上的追求，生意上的拼鬥，而不積極於精神文化的陶冶，則將毫無前途；我以另外的一種問法來提示：

（一）經濟的結構，大改變的時候，您怎麼辨？您能保證您擁有的財富嗎？

（二）核子戰爭不會在日本發生嗎？大韓客機的事件能理喻乎？

（三）這一代青少年的道德表現是如此低劣，您能保證家族的純潔？

（四）想一想今年的天災橫禍，何以特別多？
（五）天氣之反常，氣象局能預測嗎？
（六）北海道的火藥味，會不會太濃了？
（七）以東京的建築，禁得起停電、地震之災？還能往何處逃呢？
（八）物質生活的優厚，您會不會害怕〝死亡〟。是否已找到了精神歸宿？
（九）科技的發展，已經到達外太空，連外太空都不安全，您住的地方會安全嗎？
（十）是不是要培養出一種安定內心的力量，您想不想去找尋？

以上十個問題，是很實際；吾提出來就是請各位能好好想一想，這件事，不久會是事實，時機太急迫了，吾亦不想隱瞞呢！

（癸亥七月二十八日・昭和五八・九・五）

雪中送炭——來自台灣的溫暖

祈禱會場中，金光的照射，把陽光都涵蓋了。吾在祈禱會場中散放來朵朵金蓮，這不過是錦上添花呢！而來自台灣的 首席使者與同奮，他們才是雪中送炭呢！

自以爲生活在科技文明的日本同胞，竟然不知道極大的禍患在眼前！這些來自台湾的靈能者，他們是瘋了嗎？他們在台灣也有家庭、事業，他們必須在台灣努力的賺钱，才能到日本來呢！他們是先知先覺者，知道日本是東南亞行劫的首站。他們發現種種危機會發生在北海，他們是負有天命的一群，要來拯救日本同胞，他們爲日本而哭泣，但是日本人卻毫無所悉，可是所有日本的仙佛都知道他們的來臨，他們的哭聲與天上的神明的悲號是一體的。這就是天地同悲，是天人合一的表現，我到現在還會不由自主的產生莫明的感動！

（癸亥七月二十九日．昭和五八．九．六）

神魔對峙

於北海道的上空，有一種恶劣的煞氣、天魔與天神對峙而立，整齊肅穆的陣容，把空氣凝結成冰凍似的緊張，天門緊閉，灰色的雲散佈著無奈，野風吹送出嗚嗚如哭號的聲音，是天之悲乎！

一隻巨大的野熊，爬過冰洋，銀色的巨掌拍擊怒吼的大洋，天使所放出的和平之鴿，雖然飛通千重山，渡洶湧之海，卻因不能引起人們的注意而嘶啞！

一群如聾似啞的人，高興者大雪的來臨，雪祭的場面又熱鬧又壯觀，而孤獨的天使立於寒風之中發抖！發抖呢！

吾大日如來的〝大日〞雖然努力的發射〝大日〞之光與熱，至今還無法消化寒冷的雪祭！

（癸亥七月二十九日・昭和五八・九・六）

救救日本人 —— 光殿成立爲當前急務

光殿是必須急急爭取，希望設立大型的光幕，使日本人的集體祈禱可以產生很大、很大的功效！現在來說明光殿的原理與作用，何以祂能把訊息，直接送到宇宙的中心點，而發出無上的妙用！

這種作用，必須經過 上帝所派遣的 首席使者 —— 人間之最高靈能者之引導，祂的順序是一定的：

就是說：祈禱者，經過思想，首席使者的形容，而藉著 首席使者的引導於光殿中，把您的叩拜祈禱的唸力，傳達到至高無上的 上帝座前，而祈禱的方法，以唸誦皇誥一句，跪拜一次的方法可以達到身、心、意三密结合的熱能，這種修行的方式，功力最大，效果最快，而祈禱跪拜加上誦誥的次數越多，百遍、千遍、萬遍，則經由您引下來的光與熱越強，化滅劫運的力量亦越大。

由於這種方式的祈誦效果不可思議，故建立光殿的祈禱大會堂是當前迫需要的。所谓應急的修行，與應急的救劫工作除了喚醒日本人警惕之外，這種祈禱禮拜的無上法門，爲救國救民之最好利器。

（癸亥八月一日・昭和五八・九・七）

四、日蓮上人啓示

道徳は飾りものではない

祭起天桿、幡動、人心は浮動している。私は富士山頂でただ哭泣している。かつて蒙古軍の侵入は遂に台風の洗礼を受け徹底的に失敗した。当時の日本は、遠征の蒙古大軍の侵略を免れたが、日本の大和の霊魂は反省懺悔を行っておらぬために、遂に天より大きい災劫が急速にふりかかろうとしている。

この大難は、私の力では解消すべくもなく、解決は、ただ天帝使者のお力によってのみ可能である。

私は当時もろもろの迫害をうけたが、その苦心については同胞の誰も、よく理解していない。しかし、現在の情勢は核戦争が避けがたいものであることを極めてはっきりと示しておる。通信・新聞など情報が非常な発達をとげた現代、私ども神仏の立場はいよいよ軽んじられている。信仰の目的が安心の力を得ることにあるとはいえ、道徳の力が日に日に脆さを増して、人倫の道地におちた現在、いうところの「道徳」とは一種の飾りものの代名詞になりさがってはいないか？

仏教の封建化・固陋化・因襲化・官僚化は、仏道の真の修行を錯乱させており、寺院の効用も単に人間をして礼拝し幸福を祈らせる場所にすぎず、啓示修心・反省懺悔の効用は完全に消失し去った。さらに寺院の守護に当るべき者も単なる管理者になりさがり、衆生の導師たる面目はみるべくもない。仏門の混乱は腐敗と各自の不逞の結果であり、真の修身成仏の路は閉鎖されている。

宗教大同を説く首席使者

かつて私は妙法蓮華経の一巻をひっさげ、念誦こそが修身のため重要なものだと強調してきた・仏典の説くところは、すべて無形の修心・養性の方法であり、念仏も修心養性に至る手段であるが、念仏修行の者は往々にして単なる仏門の売経営に堕し、仏陀の意旨から遥かに離れてしまった。仏教の罪人というべきである。

真の念仏は、心をこめて念じるものであり、仏心をもって自らを感動させるものであり、他人のために念じ、衆生のために念じるものであり、成仏するためにのみ念じるものではない。

仏教の国に「自分こそが仏である」と称する仏は決していない。衆生を救い、衆生からはじめて「仏」と称されるのである。仏は衆生のために活き、劫を救うために活きるものである。日本のすべての仏教徒が、もし成仏の根本義を悟りえていたならば、日本に今日の災禍がおこりえようか。危機のありえようはずもないし、道徳の堕落を心配することもなかったのだ。

身を仏門の主特におく人にとって、これこそ自らの責任であり、道を教える仏教徒に成仏の真意を教え導くことが当面の急務となっている。

天帝の使者には宗教界という枠にとらわれた観念はない。仏教徒も教派の差別観をもってはならない。大和民族の大和とは宗教共和・世界大同の意である。

台湾から来訪した天帝の首席使者は、上帝から派遣され、遠路わざわざ到着されている。

私ども仏教者は、当然のことお役に立たねばならない。彼の説くところは、仏国の道理であり、人世修行の根本方法であり、成仏の法言である。

二十字真言による養性

西天の仏界で、私は救劫の仏と称されているが、世界の末劫が迫っている現在、救劫の仏たる私とて、どうすることもできない。

天帝の教化は自然の教育であり、人生の守則とされる忠・恕・廉・明・徳、正・義・信・忍・公、博・孝・仁・慈・覚、節・倹・真・礼・和は、忠からはじまり、和でしめくくられている。

この和は大和民族の和であり、すべてを円満におさめるという意味を含んでいる。

人道の修行には、この二十字の真言を反省懺悔・養性の用具と成すべきである。日本民族の優秀性は、他人の優点をとり入れ、これを高揚発揮させることに巧みなことにあるが、日本民族の道徳的堕落が大劫を招く原因になった。

物質文明の追求は、精神文化への修養をはるかに超えており、頑張りやで負けぎらいの民族性が物質文明建設面にのみ発揮されたことは、悲しい事実を招来することになっている。時間は大和民族にとって極めて重大なものになった。精神面の建設工作が、政府と民間とで大いに推進されねばならない。

毎日の反省懺悔に加えて、さらに日本国運発展のための祈祷・全人類救劫のための祈祷が行われることにより、新たな正気が生じ、この無形の正気によって、日本上空を覆う汚濁の邪気が解消されることになれば、大和民族のためになによりの幸である。

多くの人が充分に自分の力を出して社会のために尽くそうとはしてい

ない。彼らの人生観は、いかにより多くの金もうけをし、より多くの享楽を手にするかであり、性欲の乱れは日本固有の家庭制度を破壊し、上下をつなぐ尊敬の観念は完全に滅び、無節制な娯楽への沈溺は、低迷した利に走る社会的風潮を生み出している。

次代を負う日本人に想いをよせ、種族の刷新活溌化を考えるとき、いわゆる人倫の再建設こそが、大和の魂を根本的に救済できる道であると確信する。

転換期に到った物質的享楽

霊界で極めて明白に見えてくることは、因果応報の関係である。

新世代の日本種族は、その霊魂の来源の中に非常に多くの、かつて日本と戦った国々の因縁をもち、さらに第二次世界大戦で死亡した日本軍人の亡霊の大部分が、ふたたび現世に生まれかわって二、三十歳余の青年に変移している。このために、ふたたび殺伐の声が周囲には来るべき輪廻として巻き起こることも将来避けがたいものとなろうが、果たしてどのように対処したらよろしいものか？

四十歳をこえた、あるいはそれ以上の年配の日本国民が、その責任を負うことになる。

物質的享楽はすでに極点にまで達し、人類が平和に暮らせる日々も限界にきた。今後の事態に備えて、諸君が身を以て範を示し、毎日の反省懺悔と世界平和のための祈祷を提唱してもらいたい。

（旧暦七月二十八日・昭和正八・九・正）

修行すなわち正気

「成仏」はいずれの仏教徒も希望しているものであるが、自ら仏教徒と称する多くの人が説く「成仏」の過程とか修行の方法は、まだ極めて未熟なものである。

世上にどれほどの宗教が存在するにせよ、また君が学習するものが、いずれの法門に属するにせよ、次の修行条件は必ず備えておらねばならない。

一、自助をえて後、はじめて天助を享けうるという道理を体得しなければならない。では自助とは何か？　自助とはすなわち自ら奮闘することだ。自らの行為に道徳にもとるものが有りや無しやと毎日検討し、有れば改め、無ければ一層の努力を誓い、次第に自らの胸襟をひろげ、天下大衆のための幸福を祈らねばならない。その場合、祈りが誠心誠意のものであるか如何が、これまた極めて重要である。毎日全精力を傾けることにより至大至剛の正気が生じ、これが天と親和し、大衆救済の力量となって現われる。

二、修行というものは何も脱世的現象ではない。すべて誠心誠意、心に省みて恥じるところなく努力これつとめれば、人間世間の、事業・家庭・妻子・子女・一族・友人など、いずれも間絶することなく付き合っていけるものだ。つまり、修行とは一種の奮闘であり、あらゆる困難の解決に向かって、退かず、悲観せずすすめば、自ら正気が生じてくる。正気をもって当たる人こそ、自然に天助の力を得られるものである。

三、修行者は、上帝・仏仙・神々と共に立つ者であり、上帝の心に通じ、上帝の慈悲の胸中を体得しうる者である。したがって彼の人間的な七情六欲は極めて稀薄なものに変り、胸襟は広寛となり、国際間に発生する大事にも明らかな対応が可能となる。

以上の各点を綜合して知りうることは、修行者たる者は彼がいずれの法門に属するにせよ、積極的に人道に向かって奮闘し、自助自強、心境寛進となることが必須条件だ、ということである。

天帝教駐人間首席使者が特に来日されたのは決して伝道のためでなく、宇宙主宰である上帝の教化の慈雨をこの地に撒布するためでる。

危機去って、のこるは空か

すべての宗教は同一の源流から、つまり宇宙主宰の上帝から発してるもので、単に因縁関係から異なる宗教体系に分派しているにすぎない。従って、この世界で上帝を最も悲しませるものは宗教戦争である。

首席使者は新しい宗教精神をもち来たって、日本の大和民族が、宗教的修行は単に当面の福寿を求めるためのものでなく、犠牲奉献・救生救人にあり、また修行の方法も浮世離れた神秘なものでなく、通常平凡の生活の中に行われるものであることを理解するよう希望している。さらに重要なことは、大劫が頭上に迫り、危機が急迫していること、およびここに示した修行の三大条件によって、正確な宗教路線を進むことによって惨烈な災禍を軽易消化させることができる、ということを日本人に知ってもらいたいことである。

わたくし日蓮は、首席使者の精神に最大の敬意を表明する。彼の来日は全く犠牲奉献の誠そのものであり、すべての費用は台湾の同奮からの寄進になるものであり、すべての心力は上帝の慈悲から生まれたものである。

ここで承知しておかねばならぬことは、上帝が日本人の上に災禍をくだそうとするものではなく、日本人が上帝の道義を捨て去り、宇宙自然の道に反し、自らの滅亡を招きつつあことである。世界には非常に多くの無残な事件が発生するが、日本の被る災害は、ほかのいずれの国よりも更に惨烈なものになる。天帝が首席を救劫の使者として日本に派遣したのに当たり、全日本の国民は事態の深刻性を認識自戒すべきであり、その日暮らしの酔生夢死は、もはや許されないのだ。

ここに次の警句を日本の同胞へ送る!

末劫残酷の事態が明白に目前に迫ってきたに当たり、ただちに反省・懺悔・祈祷を行いなさい。さもないと、危機がすぎ去れば一切はすべて空、時すでに遅しとなろう。

（旧暦七月二十八日・昭和五八・九・五）

富士祈祷に霊光を見た

太陽が富士山の陰く、濁った空気を破り、首席使者による光幕開光の儀式が行われた時、私は全日本仏教の高霊をひきつれ西側に侍立した。太陽の神が発した無上の威力をもつ陽剛の気は、富士山の山主のために霊光を降りそそぎ、われわれは天界から来臨した仙仏の祝福をうけたが、内心思わず凄然として感泣が湧いた。

祈祷大会には日蓮の信徒も参加した。私は特に彼らにも注目した。台湾から参加した信徒同奮は十分な勇気を以て、資金を出し誠意を尽くし、力を出し、全身に無比の美しい光の輪を現出して、天空の神明仙仏とひとつにとけ合い、ほどなく一片の光り輝く霊光に化した。わたくし日蓮は、金光の感銘を受けて、心中の疼みを禁じえず、懸命の祈念の中にも流れ出る涙をとめることもできず、心中の感激はとても表現できないものであった。

この日の富士山は、こよなく美しいものであったが、しかし、これは日本の黄昏れを意味するものではあるまいか？

日蓮の追随者諸君、どうか天帝教の信徒同奮の諸君を援けて、首席使者の精神的呼びかけのもとで急進祈祷の行列に加わってください。日蓮の高弟諸君の行動は私を満足させる、ものであったがさらに具体的な行動で諸君の勇気を示してもらいたい。わたくしは必ず天上にあって諸君を輔佐していくだろう。

（旧暦七月二十九日・昭和五八・九・六）

白日は黒夜に変わる

土地は陥没し、天からは火の球が降り、地上には毒気が充満して、突然、激しい火焔が噴き出し、人間は交通渋滞した街道で、方向と目標を見失い、群衆に従ってあてどもなく蠢く。多くの人が腐った屍体を踏みつけて行き、多くの人が酸欠の中で窒息して死に、多くの人が焼けて炭粉と化し、多くの人が神智を失い、多くの人が底なしの坑にころげ込み、奇病が流行して、医者も手の施しようがなく、治安は乱れ、赤信号はいよいよ赤く、犯罪の発生は日常茶飯事。強姦強盗事件はしきりとおこり、地獄の餓鬼は人間界に飛び出して人間と食を争い、地底の夜叉も恐ろしい獰猛な笑いをみせる。救劫の神明は救助に奔走するが、その効もなく、ついに疲れはてて倒れてしまう。

　こうした事態は、決して事の終局を示すものではなく、その開始の姿である。天空から降った一閃の火光はあらゆる有形の物質、人類・生物を烏有と化し、無形の地紙・遊神・地霊・悪霊もまた同様煙と消え去り、かくて太陽は変色して、黒い陰影となり、天空には黒く焦げた煙霧が充満し、白日は黒夜に変じ、水、水、水、水も飲用にはたえず、空気、空気、空気とてもその働きはなくなる。水と空気、この二つの養生の糧までが、有毒の殺人武器に変りはてる。いずれ、ほどなく天上から雨が降りはじめる。この雨は清涼の気をもたらすとはいえ、これを機に病魔が発生し流行する。毒を帯びた雨水はいよいよ広がり、疫病は広域に発生、ついに幸運にも活きのこれる人間は、いよいよ少なく、いよいよ稀になってくる。

（旧暦七月二十九日・昭和五八・九・六）

大和民族の反省

本日ここに参ったのは、わが日本の同胞に反省と懺悔の方法、なぜそれが必要か、またどのように行うのかを教えるためだ。まず、個人の面と全大和民族の面とに分けてみよ。

個人面では、良心に恥じるところはないか、友人に、社会に、家庭に、国家に、また全人類に対して誠実を欠くところはなかったか、を検討することだ。こうした反省には、二十字の人生守則が有効な用具であり、就寝前に自己の一日の行動が、この守則を奉じて遮なものであったかを検討するのだ。この二十字の人生守則は、忠・恕・廉・明・徳、正・義・信・忍・公、博・孝・仁・慈・覚、節・倹・真・礼・和に集約される。

全民族の反省については次の諸点を考えねばならない：

一、大和民族の責任とはなにか？
二、何を以て日本を太陽の根本と称するのか、それは光明・正大・大和・無私・和平を意味する。
三、日中戦争の終結。この血債はどのように返えすのか。日本軍閥か世界各国で行った殺人行為をどのように償うのか？
四、カイロ会議で誰が日本から天皇の地位を消し去ろうとしたか。
五、戦後、日本生存のため徳を以て怨に報いたのは誰か？
六、日本に優れた文化を伝えたのは誰か。中華民族と大和民族とは同種同文なのかどうか？
七、朝鮮戦争・ベトナム戦争で戦争資材による大もうけをした国はどこか。他人の血肉を財富にかえて、一人占めすることが許されてよかろうか？

この日蓮が日本の同胞として眼前に見るものは、同胞が大和の根本を忘れ、神武天皇の教導を忘れ、戦争の惨めさと痛みを忘れ、落後貧窮の国に対する布施工作を忘れ、太陽の種族として大地をあまねく公平・公正に照らすことを忘れている姿である。因果関係からすれば、血債は血で返すもの、銭債は銭でかえすものである。日本の興隆は天使の仕事をするためであり、より多くの財富を貯めこむためのものではない。現在の日本がなすべきことは、世界人類のために、いかにしてさらに大きな貢献をなすかということである。個人の反省目標は、本人が正気を打ち建て、日本の受ける劫の因果関係を明白にすることであり、懺悔の目的は、日本同胞が自らの使命に目覚めて努力すると共に、日本国民の一人ひとりが、日本政府の誤った点を認識して、これをいかに修正するかであり、全国の大衆が勇気をもって誤りを認め、政治的に誤った方針を改善し、教では不実の歴史記録を修正することである。

こうなれば太陽の光は、日本の同胞の上に新しい光を投げかけ、日本もはじめて救われてくるのだ。

（旧暦八月一日・昭和五八・九・七）

吾乃日蓮上人

哭泣的日蓮

祭起天桿，幡動，人心亦浮動。吾在富士山的山頂哭泣！哭泣！蒙古軍的入侵終於受到颱風的洗禮，是徹底的失敗。那時候的日本，終免於受到蒙古遠征大軍的侵襲，可是日本大和的靈魂並不反省懺悔，以致於更大的災劫也很快的將要來臨。這種大數，吾是無法去解救，只有 天帝首席使者，才能設法呢！

我當時受到的種種迫害，皆是同胞不明白我的苦心，可是今日之情勢已經很明白的指出核子戰爭的不可避免。通信、新聞媒介非常發達的時代，我們道些神佛的地位，也越來越無足輕重。雖然信仰的目的，是要取得安心的力量；可是道德力量的脆弱是日深月甚。道德淪落的今天，所謂〝道德〞也成屬一種好笑的名詞。

佛教的封建化、古板化、因襲化、官僚化造成眞正佛教修行的困惑；寺院的功用，只是一種護人〝禮拜〞〝祈福〞的地方而已。完全失去啓示修心與反省懺悔的功用。而寺廟的主持人，往往贊成寺廟的管理人，而不是衆生的導師。佛門的混亂出於腐敗與各自逞能的結果，把眞正〝修身成佛〞的路途阻塞。

當時的我，以一部〝妙法蓮華經〞來強調唸佛，即是修心的重要性，可是無情的打擊也是來自佛教本身呢！佛經所談的皆是無形修身養性的方法，唸佛亦不過是達到〝修心養性〞的手段，爲了唸經而修行的人，往往成爲佛門之〝賣經者〞，是不合乎佛陀的意旨，是佛教的罪人！

眞正的唸佛是用「心」來唸，是用佛心來感動自己，是爲別人而唸，爲衆生而唸，而不是爲〝成佛〞而唸！

在佛國裏面並沒有〝自稱自己是佛〞的佛，而是因救衆生而被衆生稱之爲〝佛〞，〝佛〞是爲衆生而活，佛是爲救劫而活；全日本的佛教徒若能明白成佛的根本，則日本會有災殃嗎？會有危機嗎？道德會論落嗎？身爲各佛門的主持，這些都是您們的責任，教導佛教徒成佛的路途也是當務之急！

天帝的使者是沒有宗教界限之觀念，而佛教徒也不可以有差別教派的思想。大和民族的〝大和〞即是宗教共和、世界大同之意。

從台灣來的天帝首席使者，因上帝之派遣遙遙前來，吾等佛教有心之人當好好效法。他所說的是佛國的道理，是入世修行的根本方法，是成佛的法言，吾日蓮上人為了他的前來感激而泣！嗚呼！

在西天的佛國，祂們稱呼我為〝救劫之佛〞，可是世界末劫來臨之時，我這個救劫之佛，則是無可奈何！天帝的教化，即是自然之教育，人生守則：忠、恕、廉、明、德、正、義、信、忍、公、博、孝、仁、慈、覺、節、儉、眞、體、和。以忠為首，以和為收圓，此〝和〞者〝大和民族〞之〝和〞含有圓滿一切的意義。人道的修行曾以此二十字為反懺悔與修心養性的工具。日本民族性的優良，就是能善於採取他人之優點而加以發揚光大。而日本民族性的淪落，以致於感召浩劫的原因，即是物質文明的追尋，遠遠地超越精神文化的修養。爭一口氣，不肯服輸之民族性，只是發揮於物質文明建設上，是會造成可悲的事實。時間對大和民族是非常重要的。精神建設的工作，必須政府與民間的大力推展。

每日的反省懺悔，加上爲日本國運之祈禱，爲了全人類劫運之禱告，可以造成一股正氣，這股無形的正氣，可以化解瀰漫於日本上空的污濁陰氣，則大和民族萬幸！

有許多人不能好好的爲社會盡一些力量，他們的人生觀就是如何來賺更多的钱，作更多的享受，性慾的泛濫，破壞日本固有的家庭制度，上下溝通的尊嚴完全毀滅，而耽於無節制的娛樂中，產生了低迷势利的社會風氣。爲下一代的日本人着想，爲了種族的乾淨活潑，所谓：〝人倫〞的重整，才能根本上救大和靈魂。

在靈界裏頭，看得很清楚的一件事，就是由於因果報應的關係，新生代的日本種族，其靈魂的源由，有很多很多是來自與日本敵對的國家。而第二次世界大戰的日本軍人亡靈，亦已經大部份投胎轉成二、三十幾歲出頭的青年。這種會引起殺伐四起之聲的可怕輪迴，将是無可避免；道要怎麼辨才好呢？

四十出頭，或以上的日本國民，負起責任來吧！物質享受已是到達了尖端，人類和平的日子也到顶頭，爲了未來的局面，請您們開始以身作即責，倡導每日反省懺悔，以及爲世界和平祈禱的工作。（癸亥七月二十八日・昭和五八・九・五）

修行就是培養正氣

〝成佛〞是每個佛教徒的希望，而成〝佛〞的過程與修行的方法，對於許多自以屬佛教徒的人來說，還是很生疏。

不論世界上有多少的宗教，亦不管您所修習的是何種法門，皆必須具備左列的修行條件：

1要體會自助才有天助的道理；如何自助呢？自助就是自我奮鬥，每日須檢討自己的行爲，是否有違反道德的地方，有則改之，無則嘉勉。再者須擴大自己的胸襟，爲天下人的幸福而祈禱。是否眞心誠意的祈禱呢？這一點亦是很重要，只要每日能儘量去做，則至大至剛的正氣，便能與天親近，而形成一種救人的力量。

2修行不是一種出世的現象，凡事誠心誠意，努力去做，只要問心無愧，即人道的事業、家庭、妻子、兒女、眷屬、朋友都可以相處無間。簡單地說：修行是一鍾奮鬥，是克服一切困難的力量，只要不退縮、不灰心，自會產生一股正氣，有正氣的人，自然會有天助之力。

3修行的人是與 上帝、佛陀、神明站在一起，他能與 上帝的心配合，能夠體會 上帝慈悲的胸懷；所以他對人間的七情六慾，就變得十分淡薄，他的心胸又寬又廣，以致於對國際間發生的大事都耿耿於懷！

綜合以上各點，可以知道，無論您所修的是何種法門，積極向人道奮鬥、自助自強、心胸擴大是必要之條件。天帝駐人間 首席使者，祂來日本並不是傳教，而是散播宇宙的主宰——天帝的教化；因爲所有的宗教皆來自同一根源——宇宙主宰——上帝！不過是因緣的關係而應化成不同的宗教體系。所以世界最令 上帝悲痛的，就是宗教戰爭。

天帝的首席使者，帶來新的宗教精神，希望日本大和民族能夠明白宗教的修訂，不是求福求壽，而是犧牲奉獻、救世救人，不是神秘，而如一般生活中的平凡。更重要的一點，還是要日本人知道浩劫之臨頭、時機之危迫，依吾所言的修行三大條件，走向正確的宗教路途，才能化減災劫之慘烈！

吾日蓮上人最敬佩首席使者的精神，因爲他來到了日本完完全全是犧牲奉獻，一切的費用由台灣的同奮捐獻，一切的心力來自 上帝的慈悲。須知道！「不是 上帝要降災殃於日本人，而是日本人失去了上天的道義，違反宇宙自然之道，自己要把自己滅掉呢」！

世界會發生很多的殘暴事件，日本的災害比其他國家更修烈。上天派了首席救劫使者，來到日本，全日本的國民就應該想到事情的嚴重性，不可再醉生夢死，存得過且過的心理！在此有句話要送給日本的同胞：

"當明瞭末劫的殘酷時，就须立刻做反省懺悔，祈禱的工作，不然機會一旦過去了，一切皆是太遲了！（癸亥七月二十八日・昭和五八・九・五）

首席使者以及台灣同奮的溫暖——黃昏前之禱告

太陽打破富士山的陰濁之氣，首席使者爲聖幕開光的時候，吾领著全日本的佛教高靈侍立在兩旁。太陽之神發出無上的威力，以陽剛之氣爲富士山的山主加注靈光，我們受到來自33天仙佛的祝福，內心不由得悽然哭了出來，參予祈禱會的日蓮信徒，我是特別的注意他們。

台灣來的同奮，表現出十足的勇氣，出錢、出力、出力他們全身呈現出無比美麗的光輪與在天空中的神明仙佛交融在一起，不久化成一片閃閃靈光。吾日蓮上人，領受金光的威能，不禁愧疚心起，雖然盡心的禱告，眼淚不斷的湧出來，還不能表現出我內心之感激。

這天的富士山眞是太美了！可是這代表著日本的黃昏呢！日蓮的追隨者，請您們效法天帝教的同奮於 首席使者的精神感召之下，趕快參加祈禱的行列，日蓮的高徒您們表現得讓我滿意，請再以具體的行動，表現出您們的勇氣，我會在冥冥中保佑您們！（癸亥七月二十九日・昭和五八・九・六）

黑暗降臨的時候

地層下陷，天上降下火球，地面上充滿毒氣的味道，突然的噴出濃濃的火焰，人們處在交通阻塞的街道失去了方向與目標，隨著人群而毫無目地的擠動，許多人踏過糜爛的屍體，許多人死於窒息的空氣，許多人被燒成炭粉、有許多人失去神智，亦有許多人跌入無底的深坑，怪病的流行使醫生變得無用武之處，治安的紅燈越來越紅，使得犯罪逐漸普遍，強姦搶奪事件層出不窮，地狱中的餓鬼來到人間與人類爭食，地底中的夜叉發出可怖的獰笑，救劫的神明無助地奔忙，最後終於累倒了。

這些事情並不是結局，而是開始，天空中飛來的火光，於一閃之間使所有的有形物質、人類、生物皆化爲烏有，把無形的地祇、遊神、地靈、惡煞同樣化爲清煙。於是太陽變色，成了黑色的陰影，天空中佈滿焦黑的煙霧，白天變得如同黑夜，水！水！水已經是不能飲用，空氣！空氣！空氣已經失去了作用，因爲這兩種養生工具也變成有毒的殺人武器。不久，天上下雨了，這種雨雖然带來清凉，可是疾病的流行，卻是由此而起，挾帶毒質的雨水，越流越廣，瘟疫的散佈，如火如荼；於是倖存下來的劫後餘生，是越來越少了。（癸亥七月二十九日・昭和五八・九・六）

大和的反省——治病僅有的處方

今日來這裏就是要教我們日本同胞，如何去做〝反省〞與〝懺悔〞的工作。何以须要做〝反省〞與〝懺悔〞的工作，而又如何去做呢？

這就分爲個人方面與整個大和民族方面；個人方面，就是檢討個人每天所作所爲，有沒有到不起良心的地方，對朋友，對社會、對家庭、對國家、對全人類有沒有不忠實的地方。

這種〝反省〞可以用二十字人生守則來做反省的工具，就是臨睡之前，檢討自己從朝至晚所作所爲有無奉此守則，切實遵行，這二十字人生守則就是〝忠、恕、廉、明、德、正、義、信、忍、公、博、孝、仁、慈、覺、節、儉、禮、和〞，每個字的意思，附錄於後：

而對整個民族的〝反省〞必须想到下列幾點：

(一)大和民族的責任是什麼

(二)何以稱爲〝日本〞，乃太陽之根本，就是正大光明，大公無私而和平之意也。

(三)侵華戰爭的結束，這筆血腥之債，如何還呢？日本軍閥對世界各國所造成的屠殺行爲如何還呢？

(四)是誰在開羅會議中，爲日本爭取天皇的地位？

(五)是誰爲了戰後日本的生存而〝以德報怨〞？

（六）是誰傳給日本優美的文化？中華民族與大和民族是否同種同文？

（七）韓戰、越戰中大賺其戰争財的是那一國？以別人血肉死亡換來的財富據爲己有，是否應該？

吾日蓮是日本同胞，眼看同胞忘了大和的根本，忘了神武天皇的教導，忘了戰爭的慘痛，忘了爲世界上落後貧窮的國家做布施的工作，忘了太陽種族公平、公正，普照大地的一面。

由於因果關係，血債血還、錢債錢還。日本的興盛，是要做天使的工作，不是爲了賺更多的財富。現代的日本要做的是，如何與世界各國盡更多更大的貢獻。個人〝反省〞的目地，是爲了建立本身的正氣，以及明白日本要遭劫的因果關係；〝懺悔〞的目地，乃是要日本同胞明白日本身的使命而努力去做。並要日本的每一個國民明瞭日本政體差錯的地方，要如何去修正，要全國的百姓勇於認错，要政治改善錯誤的方針，要教育機構修改不實的歷史記録。則太陽的光才會重新照射到日本同胞的身上，日本才能得救。

（癸亥八月一日・昭和五八・九・七）

五、不動明王啓示

陰気なはげしい東京の空

日本の上空は混沌と汚濁である。これに反し、台湾の上空は平和の金光に輝いている。

　このことは工業汚染という有形の問題を指しているのではなく、無形の陰陽といった二つの気の消長を比較したものだ。行劫の甚しい地方では、その陰気はますます濃くなるが、台湾の陽気は日本に比べて遥かに明るく盛んである。

　私は行劫主宰（神職）定危子として日本で活動するに当たり、その災劫が極めて深刻なものであることを充分に承知している。東京は陰気の最も濃い地帯である。将来の変化は、実に慄然想像を絶するものがある。

（旧暦七月二十八日・昭和五八・九・五）

酔生から醒めよ

態度の生まじめさ、生活空間の狭さ、人事往来の煩雑さが、日本同胞を海外に発展させ外国移民の激しい風潮をかりたてた。

日本社会には無形の一種の階級制度があり、上の下に対する要求には強制性があり、下の上への対応には栄誉感と責任感が漂う。こうした上下交流の慎重さが、日本人の世界における有利な競争を容易なものにしてきたが、日本同胞の致命傷も、実はそこに内在している。

新世代のもつアメリカナイズされた思想が台頭しはじめた現在、従来の社会体系とは次第にそぐわなくなり、日本で古くから守られてきた習俗も侵蝕破壊されてきた。

事業に追いまくられ、金銭を追い求めるために、個人と団体を問わず、栄誉的表現からは、すでに精神文化の重要性が軽視され、社会的需要に対応する宗教活動は往々にして全く無意味な交際と個人崇拝の具に堕ちてしまい、思想的な解脱もかなわず、死後の認識についても確固たるものがみられない。つまり現代の日本社会は物質尊崇の社会に変りはてているのだ。

永く久しく、暗く圧えつけられてきた社会生活は、富士山の内にある熔岩のように、いまにも蠢動しかねない。この種の現象は火山のように一度爆発すれば、その収拾は不可能なものとなる。

天帝教が設けた祈祷大会において、私は、真実の宗教生活というものは、社会と結合するものであり、胸襟を開いてこそ、今日の日本の緊張した社会体系の平衡が保てるものであることを体得した。台湾から訪日した上帝の駐人間首席使者は、悲天憫大の心から、富士山の新五合目の地をさし祈祷大会を設けた。彼は決して布教のために祈祷するものではなく、自らの祖国のために祈祷するのでもなく、ただひたすらにわが国同胞の前途のために天に向って哀求したのである。

諸天・龍神・天堂の仙仏、日本の神祇などこぞって、恐れおののき心から至高至大の上帝に対し日本の惨禍を軽易ならしめたまうよう祈求しているにもかかわらず、人間界の日本同胞は、なお夢中をさまよっている。彼らは天国の厚い配慮からはずれ、徒らに人間界の雑事に奔走し、天に向かって奮闘する勇気を失い、現実的な思惑が日本人の心を惑わし、横断面の本実のみをみて、縦断面の宇宙の美しさを見ず、物質世界の潰滅という厄運から逃げきれないでいる。物質化された人間は、所詮、物質と共に亡びる運命から逃避できない。

わが大王は、声を大にして全日本同胞に急ぎ呼びかける：

心雲上の仏国を建設することが当面の急務であり、ふたたび世俗の禍中に沈倫してはならない。毎日の祈祷こそが何よりも第一の重大な仕事である。反省と懺悔とを平常の生活の一部とし、救災救劫という自己の使命観を打ち建てるべきだ、と。

災劫の有無問題を討議する時間的余裕は、すでになくなっている。各宗教団体・会社などの連合による災害解消祈祷大会は、必ず継続的に、各宗教がもつ和平祈求の方法により共同して日本同胞に対し、その心の結合を積極的に呼びかけるべきである。

私はさらにこう希望する：

各宗教の主持者は、まず末劫がすでに頭上に来ている事実を明確に認めるべきであると。しかしさらに印証を求める人間がいるとなれば、それは頑固に同化をこばむ者であり、自ら死の路を求めるものだ。諸君は速刻、上帝への祈祷工作を開始すべきだ。各宗教がそれぞれの宗教派別の主神に向かって、人間の奮闘が災劫を解消しうる無形の力量を生み出すよう哀求することになれば、それこそ日本護法の大神である私の、衷心より感激するところである。

（旧暦七月二十九日・昭和五八・九・六）

富士祈祷にみつけた一縷の希望

瀬戸内海の海神も富士山に来て祈祷に参加した。彼の地位が低いため、ほかの神祇の関心をひかなかったが、彼こそは富士山主についで、いたく傷心された神である。

かの神はこう語る：

海水は沸騰する熱湯と化し、私の水族は生きる術もない。

数多くの人間も水族の列に加わり、私の水域は墓場になる。海から湧きおこる大水は、地上の人間に恐慌逃避の種をまき、身のおき所もないままに、遂には魚の眷族にまでなりさがる。私は天空の中にあって、震動する大地を見たが、そこには魂を呼ぶ幡布がはためいている。ゆえに、私はこれら愛すべき同胞と存亡を共にしようと思った。

輓歌に応えて、神々が身辺に現われている。私は（旧暦七月二十九日・昭和五八・九・六）の希望を抱いた。日本の同胞が一日も早く目を覚ますことを祈る。

何故の祈祷か

祈祷工作が何故必要なのか、はたしてその効果があるのだろうか、私はその説明をしてみよう：

反省は心の鏡を開くことであり、懺悔はこの鏡をみがきあげることであり、かくして人の心がはじめて太陽の光と熱とを反射し、上帝の光芒をうけて、これを人の身内に転じ射しこますことになる。

祈祷は鏡の拡大であり、小さな面積を、全世界を照射する大鏡に変えうる。

君が全日本の前途のために祈祷するならば、次第々々に心中の鏡が、全日本のために光熱を放つことになる。君の祈祷が全世界の和平のために行われたものなれば、君の心の鏡は、いずれの日にか全地球をくまなく照らすことになる。

しかし、この反省懺悔と祈祷とは、必ず恒心をもち忍耐を必要とする。

深い敬虔さと誠意を以て事に当たり、中途で投げ出してはならない。

ここに天帝教の祈祷の詞を附記して、各位の参考にしよう：

祈禧詞（中国文）

天帝—我願奮闘

願—神聖人凡通、至誠獲感謝！

願—人人去私欲存天理、抱道楽徳、回天轄蓮、人類浩章化解於無形！

願—括救天下蒼生、化延核子毀滅章、大地早回春！

願—天佑世人、解脱銀幕無導苦海、早出火熱水深！、

願—自由平等博愛放光明、普照人間社命永遠幸福！

願—図案一統、民族復興、萬図和諧！

願—天下民公、宗教大同、世界大同！

願—人類互助合作、屁除珍域仇恨！

願—環宇情平、永無侵略戦争！

志類無盡。身心遵神謀、身心為蒼生、人心通天心、奮闘無已、精誠格穹蒼、聖域化開天人！
天帝——大放親和光、我願伸！

宗教の目的は、われわれの潜在能力を発揮させることにあるが、潜在能力は心の鏡の作用であり、人々が志をたて日本と世界の前途のために願力を発していけば、日本に災劫が生じる事はありえない。

例えば、

一、私の念仏は、世界和平のために念じるものである。

二、私の修行静坐は、自分個人の福寿を求めるものではない。

三、私の苦行鍛練は、末劫の来臨と布施を行う準備のためである。

四、私の神仏礼拝は、世界の和平のため心力を尽くすためである。

五、私が末劫来臨を大声で叫びあげるのは、日本人および世界各国の人々の注意を喚起するためである。

私はこう言う：

仏は衆生のためにあり、西の空に上るために修行する仏はなく、自の打算を図る仏はなく、徒らに成仏たらんために修行する仏はなく、俗界に下って災劫を救わぬ仏はない。

仏は活きたもの、人間界にあるものである。天上にある仏にどんな働きがあろうか？　君は本物の修行をやってみようと思わないか？　人類のために心力を出してみようと考えないか？　真の仏になろうとは思わないか？

吾乃不動明王

佈滿陰氣的東京上空

於日本的上空，是混然不清，而反觀台灣的天空是片片祥和金光，這並不是指有形的工業污染的問題，而是無形陰陽二氣消長的比較！

行劫厲害的地方，其陰氣就越濃；台灣的陽氣就比日本強盛多了！

吾是配合行劫主宰——定危子，於日本的活動；災劫的嚴重性，吾知道得非常清楚。

東京是陰氣最重的地方，將來的變化實在是不敢想像。

（癸亥七月二十八日．昭和五八．九．五）

醉生與夢死

拘謹的態度，生活空間的狹窄，人情往來之繁褥，造成日本同胞向外發展，向外國移民的热潮；日本的社會有股無形的階級制度，上對下的要求有強制性，而下對上的交代含有榮譽感與責任感，這種上下交通的謹慎才促成日本人在世界上的出人頭地，可是日本同胞的致命傷也是在這裏呢！

新一代的美式思想逐漸抬頭的今日，與原有的社會體系是格格不入，日本原有遵守古禮習俗也含被侵触而破壞。由於各忙碌於事業與金钱的追求，個人與團體榮譽的表現，已經把精神文化的重要性忽略，應付社會需要的宗教活動，往往成爲毫無意義的友誼與個人崇拜，思想上的不能解脱，對死亡歸宿的認識不清楚，則現代的日本社會已變成物質崇尚的社會。

壓抑太久的社會生活，有如富士山裏面的熔岩，蠢蠢欲動，道種现象一旦如火山爆發，则是不可收拾！

在帝教所設立的祈禱大會中，吾體會出眞實的宗教生活，是與社會相結合，心胸的開拓才能平衡今日日本的緊張社會體系。台湾來的　上帝駐人間首席使者，以悲天憫人的心情來到新五合目辦祈禱會，他並不是爲了教而所祈禱，不是爲了自己的祖國而禱告，而是事爲吾國同胞的前途而哀求。

諸天、龍神、天堂的仙佛、日本的神祇皆戰慄的虔心祈求至高至大的——上帝，能減少日本的橫禍，可是人間的日本同胞卻還在夢中，他們離開天國的眷顧，孜孜忙做人間的雜事，失去向天奮鬥的勇氣，現實的思想迷惑了日人的心，只看到橫断面的事實，而看不到從断面的宇宙之美，以致於逃不出物質世界毀滅的厄運，物質化的人，是無法逃離與物質俱亡的命運。

現在，吾神大聲疾呼，全體的日本同胞，以建設心靈上的佛國爲要務，不可以再沉淪於世俗的旋渦之中，把每日的祈禱工作，列篇第一重大事件，平常的反省懺悔成爲生活的一部份，建立〝救災救劫是自己的使命〞的思想。時間已不容許去討論，有沒有災劫的問題，各宗教團體、會社的聯合祈禱消災大會，是必須切時提倡，以各宗教所求和平的方法，共同積極的把日本同胞的心结合在一起。吾神更希望各宗教的主持，先認清末劫已經來臨的事實，若還是祈求印證的人，就是頑固不化，自求死路一途。

您們應該即刻舉行向 上帝祈求化劫的工作，各宗教可以向各宗教派別的主神去哀求，讓人間的奮鬥產生無形的化劫力量，則身屬日本護法大神的我，衷心感激！

（癸亥七月二十九日・昭和五八・九・六）

水族召喚

瀨戶內海的海神，也到富士山參加祈禱，由於祂身份的卑微，就引不起其他神祇的注目。祂是繼富士山山主，哭得最傷心的一個一祂說：〝海會成爲沸騰的水〞，他的水族是無法生存，許許多多的人會參加水族的行列，使祂的水域成為墳場。海裏湧起的大水，成了地上人們驚慌逃避的原因，祂們無處安身，只好成為魚兒的眷屬，吾站在天空中看著大地的震動，只好抖開接魂的幡布，事實上，吾也打算與這些可爱的同胞共存亡。

唱著輓歌的接引神，已經來到身邊，吾存著一絲希望，祈求日本同胞快快醒來吧！

（癸亥七月二十九日・昭和五八：九：六）

祈禱誦誥就是靈丹

何以必須做「祈禱」的工作，是否有效果呢？現在我來說明，「反省」，就等於是挖開心中的鏡子，而「懺悔」即是把這一面鏡子擦得光亮，那麼這個人的心，才能反射太陽的光與熱，才能接受 上帝的光芒而轉射於人間。

而「祈禱」，就是鏡子的擴展，由小小的面積擴大成爲能照射到全世界的大鏡子。如果您是爲全日本的前途而「祈禱」則慢慢的 您心中的鏡子就能放射光與熱給整個日本，如果您的「祈禱」是爲了全世界的和平，則您的心鏡，有一天也曾普射全球。

可是這種〝反省〞、〝懺悔〞與〝祈禱〞是必須有恒心、有耐力，要非常虔誠去做，不可以有所中斷，玆附錄天帝教的祈禱詞（附祈禱詞於後），請各位好好參考。

宗教的目地，是爲了發揮我們的潛能，這種潛能就是心鏡的作用。人人只要能立志爲日本與世界的前途發出願力，則日本有災劫嗎？例如：

（一）我唸佛是爲世界和平而唸！

（二）我修行靜坐不是爲我個人求福求壽。

（三）我苦修煉是爲末劫的來臨而做布施的準備。

（四）我禮拜〝神佛〞是爲了世界的和平而盡心盡力。

（五）我大聲疾呼末劫來臨，乃是爲了喚起日本人以及世界各國的注意！

吾說：〝佛是因眾生而成〞，沒有一個〝佛〞是篇上西天而修，沒有一個〝佛〞是爲自己打算，沒有一個〝佛〞是眞正爲成〝佛〞而修行，沒有一個〝佛〞不下凡救災救劫。〝佛〞是活的，是在人間，在天上的〝佛〞有何用呢？您想不想做眞正的修行，想不想爲人類盡點心力？您想不想做眞正的〝佛〞？

（癸亥八月一日．昭和五八．九．七）

六、富士山山主啓示

朝に道を聴く私は謙遜な気持でここに参り、首席使者に会見し、その神眼に接し、全く恥じ入るばかりです。富士山の劫運については多くの日本人は承知しているが、その危機を真に体得理解できる人は、そんなに多くないのです。日本精神の代表であるこの大山が壊滅ということにでもなれば、その後の日々は、よりひどい多災多難なものに変るだろう。台湾から、祈祷を目的に富士山新五合目まで参られた信徒同奮の皆様が示された行動は実に感激そのものです。

今までに今回ほど多くの信仰に厚い人たちが参加した富士山での祈祷

大会はありません。

私は満腔の熱情をこめてすすり泣き、皆様を正視することもかないません。信徒同奮の皆様は、いずれも神の化身であります。金色・紫光が富士山頂に満ち、神明は号泣し、信者同奮は悲泣しているのですが、無知な日本人は山頂にあって好奇の眼でながめています。彼らに哭泣する者の心の声が理解できたであろうか。

私は光栄なる一員として堅忍不抜の決心をもって上帝の首席使者に従い、共に奮闘致します。台湾から参られた信者同奮の皆さんの赤誠と天真の誠にお応え申し上げたい。祈祷に際して、真の犠牲とは何か、修行の目的は何か、天人合一の表現は何か、無形を有形に変える力量とは何かなど、はじめて悟りました。私は「道」の真諦をみつけたと思います。

中国の孔子も「朝聴道、夕死可」と伝えています。

私は非常に安心して邁進できます。数百年来の憂愁の総統算ができました。

(旧暦七月二十九日・昭和五八・九・六)

吾乃富士山山主

山頭泣血

吾用谦卑的心情來這裏會見 首席使者，接觸到 首席使者的眼神，不覺得自漸形穢；因爲富士山的劫難有許多日本人已經明白，可是眞正能體會出其中危機的人並不很多；這代表日本精神的大山，一旦毀滅則以後的日子就會變得多災多難！

來自台灣而專程到新五合目祈禱的天帝教同奮，您們的表現太感動，從未有如此多的上员高尊來參予富士山的祈禱會，我懷著滿腔的熱血，跪泣目而不敢正視祂們，同奮都成了神的化身，金色紫光佈滿整個富士山的山頭；神明在哭號、同奮們在悲泣，無知的日人站在山頂上，只是好奇的觀望；他能明瞭哭泣者的心聲嗎？

我是光榮的一頁，存堅忍不拔的決心，要隨 上帝的首席使者共同奮鬥，要效法來自台湾赤誠的同奮天眞流露的奉獻。在祈禱的時刻我才领悟到眞正的犧牲是什麼？

修行的目的是什麼？天人合一的表現是什麼？無形應化有形的力量是什麼？我想我發現了〝道〞的眞諦。中國的孔子說：「朝聞道，夕死可矣！」

我可以安祥的向前邁進，幾百年來的憂愁，總算是解開來了！

（癸支七月二十九日．昭和五八．九．六）

七、地蔵王菩薩啓示（結語）

日本守護に当たっておられる各大神仏の以上のお話しから明白なことは、時勢は急迫して日本をはじめ全世界の浩劫が非常に恐ろしいものになっているということだ。

人類が遠く天国を離れ、一歩々々幽冥の路へ進む日も近い。天照大神はじめ各神仏は私が総括のため出向くことを希望しておられる。義からもこれを辞すべきでなく、よって一問一答の方式で、多くの日本人が理解できないでいる点を説明しておこう。

問　地蔵王菩薩を請じて、何故に本書の総括が行われるのか？

答　地蔵王菩薩は仏教に言う冥陽の救世主であり、地獄における大菩薩である。行劫の際、大部分の人は天上に上るすべもなく、ただ彼らがよく知りつくしている地獄への路があるだけだ。

人間界が、まさに活地獄になろうとする緊迫した時期にあって、地蔵王菩薩の地位が、いよいよ重要さを現わしてきている。

地蔵王菩薩は、「吾不入地獄、誰人地獄」「地獄不空、誓不成仏」の、大願力を示して、日本劫数のために総括を行わざるをえない。これは誠に苦痛な結算であり、地蔵王菩薩は衆生の大災難に悲しみ泣くのみだ。

問　天帝教とはどんな宗教なのか?

答　天帝教とは天帝の教化であり、その信徒たちは信徒とは呼ばず、互いに同奮と称している。これは天下蒼生のために共に同じく奮闘するという意味であり、その成員には仏教徒あり、キリスト教徒あり、天主教徒あり、道教徒あり、一般の社会人士がおる。同奮たちはわけへだてなく、互いに助けあっている。異なる宗教から天帝教に帰宗した者が、その従来の宗教を信仰することも一向に差しつかえない。上帝の教化は大同であり、彼我の区別を設けておらず、世界のあらゆる宗教は、すべて上帝の意志を体して教化を進めているからである。

問　天帝教の称する上帝の駐人間首席使者とは、いかなる人なのか？

答　李玉階先生の天命は極めて大きく、かつて上帝の意志に応じて、中国の西華山で修道し、無形の中でその修験により、人間界の有形の難劫を解消し、三界十方に霊通して上帝の左右となられた。世界の大劫が眼前に迫っておると観じ、日本が東南アジアで最初の行劫の地に当たり、しかも事態は悲惨なものとなることを察知した。特に諧弟子をひきつれ、富士山新五合目で日本人のために祈祷したのは、末劫が頭上に追っている、どうぞ日本人も発願祈祷して、上帝に慈悲救劫を求めてもらいたい。自ら助ける者には、必ず天助があることを知ってもらうためだ。
さらに天照大神はじめ五位の神々の要請をうけて、天帝教の天人交流の機縁を借りて、心中の鬱積を吐き出し、日本人に忠告し、日本人の覚醒を求めようとするものだ。

問　応急に対しては応急の行動があり、救劫には救劫の良法がありましょう。いかなる行動こそが、最もよく行劫の惨禍を軽減させうるでしょうか？

答　前でも述べたように、反省・懺悔・巡拝・祈祷の方式です。光殿での誦誥哀求には最大の成果が現われる。

問　地獄の鬼遣は、どうなっているのか、その情況をお示し下さい。

答　人間界の陰気が非常に濁り、これにひきこまれた悪魔たちが表面におどり出て立ち去る気配がない。各寺社に奉祭されている神仏のお像には、多くの魔鬼がまつわり、立ち去ろうとしない。人間界に影響を与える修行者も観念が混濁し清澄でなく、成仏は極めて困難である。いうところの宗教精神は、人間界では、すでに異常に秩序を乱し、往々にして陰霊の撹乱をうけて、これが信仰問題の固執を深めてきている。こんな状態が仏の眼からみて、痛恨事でなくて何であろうか。

問　時機すでに遅しと思うが、大日如来・不動明王・天照大神・神式天王・日蓮上人の五位の大神仏が今日に至って、日本人にどんな道を開かれようとするのか？

答　この五位の大神仏は、無形の官界にあって日本を見守る任務を負うておられるが、因縁未到のため手のくだしようもないままになっている。

現在、日本が激しい災難を受けようとする緊迫の時機に当たって、天は回生の機を与えておられる。この機会をかりて現身のまま説法を行い、日本人の覚醒を求めることになったのも、誠に止むを得ない次第ではあるまいか。天上の神明は、かねてより人間界の劫難に対処するすべもなかったが、機縁到来となれば当然それをつかまれるはずである。この書は五位の大神仏が、上帝の首席使者の行動に対応したことについて書かれたもので、上帝の使者が日本の劫難を救うために来日したことを説明、日本に駐ずる大霊は当然天機を明示し、日本人に諭告するところがあろう。しかし、日本国民がこの機会を活かし、自らを救い人をも救うために立ちあがるよう願ってやまない。

人類は自ら救うことによって、はじめて天助を得ることができる。劫数の発生は全て自らが招き、自らが受けるものであって、上天が故意に災劫をくだすことは決してありえないことだ。

問　上帝の首席使者の来日には、ほかにどんな企図があるのか？

答　無償の布施こそ、これを修道と称すべきである。首席使者が台湾から遠く日本を訪れたのは、日本の災劫を救うためである。人を救うため自らを犠牲に捧げる人が、どうしてほかの企図をもちうるだろうか。日本人は中国人に対して、必ずしも慈悲心があるとは申せぬが、しかし首席使者は、もともと何ものも畏れぬ精神で日本に参ったのであり、これこそ上帝の意旨を奉じた。

「慈心博愛」「以徳報怨」の具体的表現なのだ。

問　台湾の天帝教同奮が、かくも多くの出費をし、多くの時間をかけて富士新五合目を訪れ、日本の災劫を救うため祈祷し哭泣しておられるが、それは何のためだろうか？

答　これら台湾からの同奮は、家庭は必ずしも裕福ではなく、生活の担い手として仕事をつづけている人たちだ。時間的にも余裕はなく、休暇をとっても賃金はそれだけ差し引かれる、全く苦労なことなのだ。しかし「日本の劫難が目前に迫っている」との首席使者の言葉を聞くや、直ちに全てを投げ出し五十余名の代表が集まり来日して祈祷に参加している。彼らの精神が純粋で誠意に溢れるものだけに、天上のもろもろの神仏も感動して降臨し支援を与えておられる。

祈祷当日（九月四日）の富士山頂一帯は陽光が輝きわたったが、麓は沛然たる大雨が襲来していた。彼らは災難の恐ろしさを体で感じ思はず泣き出し、天上の神仏も共に悲しい思いにひたった。富士山麓の大雨は上天の落涙であったか！
これが九月四日当日の状況であるが、皆さんも実証できることである。日本人も菩提心を発し、台湾からの祈祷参加者に学んで、世界の劫運解消のため想いをめぐらすべきでは。

問　天帝の首席使者は来日されて、日本人がどのように対応することを希望しますか？

答

一、日本人が全世界に対して負うべき道義的良心的責任にめざめること。

二、大劫が頭上に迫っておる時、いかに自らを救うべきか、日本人にさとらせること。

三、日本の原人（注：新世界創造の最初の人）を救いあげ、大劫後の日本の元気を保存すること。
四、光殿を設立し、それを強固な浄土とし、災劫による全面的潰滅から
免れること。

問　首席使者の帰台はいつですか？

答　六ヵ月の満期がくれば、それ以上は滞在しない。

問　首席使者の在日滞在費用はどこから出ますか？

答　すべて台湾の同奮の発心供養による。この地蔵は、日本人も若干の
功徳を積むよう希望する。

問　地蔵菩薩が何故に天帝教のため、また首席使者のために講話をされ

るのか？

答　世界に宗教の数は非常に多いが、その多くは自己の教派のための打算である。天帝教だけはほかの宗教のためを考えており、首席使者だけがかくも全力をあげて身を捧げておられる。この地蔵菩薩も首席使者に随伴するものである。大劫が面前に追っている時、こうした人をえて、はじめて「救災救劫の仏」と称すべきである。この教え、この人は、すでに一般的宗教の概念の枠を飛び越えており、正に当面日本が求める「救星」なのだ。首席使者はじめ祈祷同奮の霊光が真直ぐ高く天に昇るのを見た。実に感動的であった。これこそ真の宗教精神そのものだ。この地蔵菩薩が誠意を尽してお護りする理由はそこにあるのだ。

（旧暦八月一日・昭和五八・九・七）

吾乃地藏王菩薩

浩劫啟示錄

由於以上各位日本守護大神佛的談話中，您們應該明瞭。時勢急迫，日本以及全世界的浩劫，是非常恐怖；人類遠離天國，而步步踏向幽冥的道路邊緣。天照大神等，希望吾來作總結，故吾也義不容辭以一問一答的方式，闡述一些日本人不能明瞭的地方：

（一）問：何以要請地藏王菩薩來做此本書的總結呢？

答：地藏王菩薩，就是佛經所說的冥陽救世主，是地獄中的大菩薩，於行劫的时候，大部份人皆無法到天上去的，只有地狱是他們所熟悉的路！於人間将成爲活地獄的緊張時刻，地藏王菩薩的地位，愈顯得十分重要。地藏王菩薩本著「吾不入地獄，誰入地獄」「地獄不空，誓不成佛」的大願力，不得不爲了日本的劫數來做一個總結，道這眞是痛苦的結算，地藏王菩薩，因爲衆生的大炎難，而悲鳴呢！

（二）問：天帝教是個什麼宗教？

答：天帝教乃是 天帝之教化，他們的信徒不稱爲信徒，而互稱同奮，乃爲天下蒼生共同奮鬥之意，其成員有佛教徒、基督徒、天主教徒、道教徒，一般社會人士，所有的同奮皆不分彼此，而互相關切，而各不同宗教來歸宗者，仍可信仰其原來的宗教，並不抵觸；因爲上帝的教化是大同，而不能分別彼此；世界上所有的宗数皆是秉上帝的意旨而佈化。

（三）問：天帝教所稱呼的上帝駐人間首席使者、是何種人物？

答：由於李玉階先生的天命很大，曾得 上帝旨意於中國西嶽華山修道，而無形中以其道功而應化人間有形劫難，靈通三界十方；爲 上帝之左右。因觀世界大劫面臨眼前，知道日本爲東南亞行劫首站，情況悲慘，故率諸弟子前來富士山新五合目祈禱，爲了點化日人——“末劫已經臨頭”請日人發願祈福——上帝 求上帝慈悲救劫，自助乃有天助，並應天照大神等五位之請，借天帝教天人交通機緣，一吐鬱積，忠告日人希望日本人，能有所警惕。

(四)問：應急有應急的行動；救劫有救劫的良方，請問何種行動，最能化滅行劫的慘烈？

答：在前面有談過、反省、懺悔、跪拜祈誦的方式，於光殿的誦誥哀求最具威力。

(五)問：於地府中的鬼道，其情形如何？請指示！

答：人間的陰氣太濁，感召許多的魔鬼來陽間徘徊不去，雖然各寺廟院堂，供奉的是神佛的形相，可是許多的魔鬼卻佔住了不走，影響陽間的修行者，令觀念混淆不清，使成佛非常之難。因爲所謂宗教的精神在人間已經變得紊亂異常；往往因受陰靈的干擾，加深信仰問題的爭執，這種事情在佛眼看來是很痛心的！

(六)問：爲時已選、五位大神佛：大日如來 不動明王 天照大神 神武天王 白蓮上人，爲何到今天才來對日本人開導？

答：雖然，這五位大神佛於無形靈界負有保護與監督日本的任務，但是，因緣未到，一直無計可施。現在日本將要受到嚴重炎難的關鍵時刻，天賜生機，不得不借機會現身說法，以喚醒日人，這是無可奈何的事情。因爲天上的神明會時常爲了人間的劫難而無計可施，機緣一到，當然須要把握。這本書就是五位大神佛配合 上帝的首席使者的行動而來，就是說明 上帝的使者，爲救日本劫難而來，駐日本的大靈當然應該明示天機告誡日本人,但願日本國民把握這一機會,起來自救救人！人類必須自救,才會得到天助，因爲劫數的發生，皆是自作自受，並非上天故意降災劫的呀！

（七）問：上帝的首席使者來到日本是不是有其他企圖呢？

答：無代價的布施才配稱之爲修道，祂來自台湾，遠赴日本是爲了救日本的災劫，這種爲救人而奉獻犧牲的人，會有其他企圖嗎？日本人對中國人並不慈悲，可是 首席使者本著大無畏的精神來到日本，是秉著上帝的意旨亦是——“慈心博愛”、“以德報怨”的具體表现！

（八）問：在台灣的天帝教同奮，出了那麼多的錢，花費許多的時間來新五合目，爲日本的災劫而祈禱、哭泣，爲了是什麼？

答：這些台灣來的同奮，家庭並不富有，爲了生活的担子，要做工作，時間也不充裕，請假又要扣薪水,眞爲難呢！可是只因爲聽到 首席使者說道:「日本的劫難,就在眼前」

就不顧一切的集合了五十多名代表來參予祈禱，更由於他們的精神太專注而誠懇感動了諸天線佛來相助 這一天（九月四日）的富士山上，陽光普照，而富士山下卻是大雨淋漓，他們因體認出可怕的災難，不由自主的哭了起來，天上的仙佛一體同悲，富士山下的大雨，就是上天之落淚呀！這是九月四日當天的情形，各位可以去印證！吾要日本人也菩薩提心腸，學台灣來的祈祷者，爲世界的劫運想一想！

（九）問：天帝的----首席使者，到了日本，希望日本能做怎樣的配合？

答：1. 喚醒日本人，負起對全世界所應負的道義良心責任。

2. 使日本人明白，大劫臨頭，如何自救！

3. 引渡日本的原人，保存日本的劫後元氣。

4. 設立光殿，，鞏固一方淨土，使不受災劫之全面毀滅。

（十）問：請問 首席使者，何時回到台灣？

答：六個月期滿，不再久留。

（十一）問：上帝駐人間首席使者，駐日弘教其費用來自何處？

答：完完全全由台灣的同奮發心捐獻，吾地藏希望日本人亦能積點功德！

（十二）問：爲何地藏王菩薩要爲天帝教，要爲上帝駐人間首席使者講話呢？

答：舉世宗教很多，大都是篇自己的教派打算，只有天帝教爲其他的宗教設想，也只有首席使者肯如此不遺餘力的犧牲；吾亦是首席使者追隨者，於大劫臨前的時刻，只有這種人才配得稱爲〝救災救劫佛〞。這種教、這種人，已越乎一般宗教的範圍，正是當前日本所需要的救星！吾看到 首席使者以及祈禱同奮的靈光，直冲至高之天，眞令人感動！這才是眞正的宗教精神！故吾竭誠的擁護！

（癸亥八月一日・昭和五八・九・七）

祈禱詞

世界各國通用

天帝――我願奮鬥！（振左臂三呼）

願――神聖人凡通，至誠獲感應！

願——人人去私欲存天理，抱道樂德，回天轉運，人類浩劫，化滅於無形！

願——拯救天下蒼生，化延核子發滅劫，大地早回春。

願——天佑世人，解脫鐵幕無邊苦海，早出火熱水深。

願——自由平等博愛放光明，普照人間社會永遠幸！

願——國家一統，民族復興，萬國和諧！

願——天下爲公，宗教大同，世界大同！

願——人類互助合作，泯除民族仇恨！

願——環宇清平，永無侵略戰爭！

志願無盡，身心遵神媒，身心爲蒼生，奮鬥無已，精誠格穹蒼，聖域化開天人！

天帝！大放親和光，我願伸！

答：完完全全由台灣的同奮發心捐獻，吾地藏希望日本人亦能積點功德！

七、地藏王菩薩啓示

問：爲何地藏王菩薩要爲天帝教，要爲上帝駐人間首席使者講話呢？

答：舉世宗教很多，大都是爲自己的教派打算，只有天帝教屬其他的宗教設想，也只有首席使者肯如此不遺餘力的犧牲，吾亦是首席使者追隨者，於大劫臨前的時刻，只有這種人才配得稱爲“救災救劫佛”。這種教、這種人，已越乎一般宗教的範圍，正是當前日本所需要的救星。

！吾看到，首席使者以及祈禱同奮的靈光，直冲至高之天，眞令人感動！這才是眞正的宗教精神！故吾竭誠的擁護！

（癸亥八月一日・昭和五八・九・七）

編集後記

　一九八三年十一月二七日午前八時、天帝教首席使者李玉階老師一行の帰台を羽田空港に見送った。出発に当り、李老師は特に日本の識者有徳の士宛として、日本国保衛、国脈護持のために謹しんでその奮起を訴える書をのこし「宇宙主宰たる天帝の日本人民に対する愛護仁慈の念を奉じて来日以来、四カ月余心力を尽したが、八十三の高齢かつ高度工業社会の茫洋たる人海の中にあって、短期間に広く大衆に接し、精神的交流により人心の刷新を図ること」は極めて困難であったと述懐されている。

　しかし、大劫世界核戦争の化延、天下蒼生の救済を天帝に向い哀求した富士山五合目における祈祷祭典は、日本保衛の大任を負う五大神仏の降臨を受けて厳修され、その啓示は本書に「大和吼声」としてまとめることになり、さらに三重県菰野引接寺境内（こちらは移転となりました、住所は後述）をかりて天帝教日本主院玉和殿設立のことも終わり、ここを日本国脈保衛の聖地と定め、有志の奮闘祈祷の基地が確立した。

想うに李老師今回の来日は、その口述によれば天帝からうけた第四次の使命だとされている。世界的核戦争暴発の危機に直面している現在、アジアで最先に核の標的となろうとする日本に来って、大和民族の生きのこり、核による壊滅という大劫の解消を天帝に哀求することが使命の内容であった。

かくして富士五合目での祈祷祭典は挙行された。台湾からわざわざ五十余名の信徒が馳せ参じたものの、日本人のこれに参加する者は、極く限られた範囲の人士にすぎなかった。

世話人一同、その無力を恥じ、かつ老師に向い深く詫びた。その際、力を尽した後、その結果は問はず、幸いに祈祷祭典は五大神仏の降臨もあり厳粛に終了した、徒らに自卑されぬように、と暖い言葉が返ってきた。

何故に異邦日本に来て、その国民の安寧を願い、国脈の保衛を祈祷するのか。こうした実に素朴な疑問を皆一様に抱いた。これに対し李老師は犠牲奉献の教義を説き、修行者として無償の布施であると述べ、日本人が修心・反省・懺悔を以って天人親和の境地に、一人でも多く、一日も早く到達されるよう望むと語った。

三期の大劫は突如として襲ってくる。それが核戦争の暴発という形をとるか、あるいは目に見えぬ心理的欝積が致命的な社会的大混乱として爆発するものか？

いずれにせよ、日本国の経済的繁栄とは裏腹に国民の無反省と無節操ぶりが、急速に日本を衰退と破滅に追いやろうとしていることは事実である。なんとしても狂瀾を盤石に復すよう努め祈らねばなるまい。その祈祷修行の基地として光殿の設置が急務となった。

幸いに三重県菰野の三論法禅宗引接寺中山法元大僧正の積極協力をえて、同寺境内をかり玉和殿の開設が完了した。法元師の如き俊秀の同志をえたことは日本宗教界の福音であり、日本国再建への明るい曙光であった。まさに天帝の配慮の不思議さに感泣脆拝するのみである。

本書「大和吼声」の出版を触媒として、必ずや全国同憂の士が聖地三重県菰野の引接寺玉和殿に雲集する機運が早急に醸成されることを確信する。日本民族復興の炬火は、まさに正気清純の修行者によって、これから大きく燃えあがろうとしているのである。

私は李老師の来日から、その帰台まで、ほとんどその身辺に随伴する妙縁をえたこともあって、楊光賛同奮（天帝教天人親和院副院長）が富士山祈祷祭典の際降臨のあった五位の神仏の啓示を接霊筆写した華文を日文に翻訳することになった。勿論、非才の身、奥妙の真意を誤りなく書き伝えることの困難なことは十分承知しているが、可能なかぎり、理解しやすい辞句を使用し、簡潔にまとめることにした。

文中、いかにも奇異、荒唐とすら思える、箇所につき当る読者も少くあるまいが、人間が通常見聞しているものが、いかに狭い範囲の限られたものにすぎないかを想うべきである。

人間世界は勿論、この宇宙には目に見えぬもの、耳に聞こえぬもので充満していることを考えるとき、活字の裏に流れる真意を悟る工夫が必要となろう。それこそ天の声を聞くというものだと信じるのである。

出版に当り日華両文を併用する当初の予定を変更して、日文のみ急遽印刷に付した。両文併用こそ、より有意義のものとは十分承知しているが、それは後日第二版印刷の機まで持たせて頂きたく、ご諒解願います（二版印刷は関係各者に配布されました）。

本書刊行に当り李老師はじめ台湾の同奮各位から多大な支援を受けてきたことを日本の同胞にもお伝えし、改めて衷心からの謝意を表明します。

一九八三年十二月一日

藤岡光忠

大和吼声

筆　録：天帝教天人親和院

審訂者：李玉階（天帝教主任首席使者）

出版者：天帝教始院

坦坦：新北市新店匹北新路二段一五五朓

電話：（〇二）二九一三一五〇七九一八〇

翻訳者：藤岡光忠枢機（天帝教日本主院）

日本国主院住所（三重県菰野の三論法禅宗引接寺から移転）：栃木県那須町湯本ツムジヶ平二二二の一八〇

連絡先埼玉初院

住所：埼玉県さいたま市北区宮原町三の二二一六の三

電話：（〇四八）六六五―七九〇六

おわりに

核戦争による人類壊滅の危機解消・日本重大天災軽減の祈祷拡大会は今から三十七年前（一九八三年）の事で、活動の内容は変わってますが、天帝教の活動目標は基本的には変化はありません。

天帝教の主な活動は、天からのメッセージ（聖訓）に基づいて、世界平和・自然環境保護・座禅による精神修養・天人気功による霊体医学施療の指導・等を行なっています。

文中の内容で皆さん気づかれたと思いますが、各神仏の悲痛な嘆きの心境に触れたかと思います。神仏は無形の世界で、一般の人間と会話（親和）する事は出来ませんから、人間の愚かさを見ている事しか出来ません。

しかし、常に皆さんと一体となって支援共存しているのです。

見えないからと言って無視する事は出来ないばかりか、神仏からの媒圧によって運命の方向性にも影響するのです。

近年、再び富士山噴火の情報もあり、また、二〇一九年夏、病毒のウイルスの警戒も聖訓で知らされ、私達は注意を怠りなく警戒していました。

二〇二〇年には世界的病毒に侵され、死者の数は計りしきれない。この情報を事前に公開したところで、信じられるものではなく、身近な友人達などに警戒を促しました。

今後、更に関東大震災や南海沖地震等、次々と劫難が待ち構えているので、その劫難を回避させるためには、神仏と競合して回避又は大難を小難で通過できるように活動する必要があるのです。

以下の写真は１９８３年9月4日から29年後の２０１２年9月4日、富士山爆発化延祈祷会のものです。各宗派のご協力に深く感謝する次第です。

富士山爆発化延合同祈祷会

日蓮宗正中山 遠壽院 荒行堂僧侶による祈祷

高野山真言密教の僧侶望月崇英さんによる祈祷。親友の望月さんは2021 年 1 月にコロナウイルスの犠牲に成り回帰されました。3.11による劫難によって犠牲になられた多くの方々の魂は 望月さんの祈祷で救済されました。回帰された事は、人間界にとっては悲しい事ですが、天界で私達を見守って頂いています。感謝感謝です。

銀座和光前で托鉢している望月僧侶

皆さんにお願いがあります。ご自身が信仰されている神仏に祈って下さい。

世界の宗教者が祈る目的は同一です。

【世界の天災人災病毒が早期に収束しますように。】

【民族が和解し世界が平和に成りますように。】

【地球崩壊の核戦争が無くなりますように。】

【富士山爆発・大震災が軽度に収まりますように。】！と。

比叡山宗教サミット30周年記念
『世界宗教者平和の祈りの集い』

再版責任者略歴

古舘　忠夫（こだてただお）

日本国教区　宗教法人天帝教　理事長

青森県八戸生まれ、1940年３月東海大学付属電波高卒。

トモエ電気創業。株式会社城西設立。ジョイボンド株式会社に社名変更。中古車商品化システムを開発し、全国のディーラー及び中古車販売店に技術及び資材を提供。自動車業界専門紙に「売れるお店の心理学」を掲載。自動車の磨きや洗車のプロ集団、日本カーディティリング協会を設立。塗装面上に付着する鉄粉や汚染物質の除去剤を発明し世界各国の自動車業界で使用されている。

NHKのドキュメント番組で中国の気功が放送され、切開手術を受けている患者と医師が話なしているのである。片方では気功で麻酔をしているとのこと。信じられないことから興味を持ち気功・座禅・霊体医学・神仏界を追求することになる。神仏は無形であるが常に人間界に密着し活動している。信じられない世界が隣に存在していました。

富士山大爆発

日本国五大神仏の予言と警告

2021年9月17日　初版発行

再版責任者　古舘忠夫

発行　宗教法人天帝教

〒331-0812 埼玉県さいたま市北区宮原町3-226-3
代表　古舘忠夫
電話　048-665-7906
ホームページ　http://www.tenteikyo.com
メール　info@tenteikyo.com

発売　クリエイターズ・パブリッシング

デザイン・DTP　株式会社クリエイターズ・ジャパン
印刷・製本　シナノ書籍印刷株式会社

ISBN978-4-909485-04-5 C0014 ¥1500E